新世紀叢書

當代重要思潮・人文心靈・宗教・社會文化關懷

孤獨的誘惑

Contemporary Solitude: The Joy and Pain of Being Alone

當代的孤獨：喜悅與痛苦

當代人不再有族人可以相依，
不再有上帝可以歸屬。
孤身一人過日子的情況之多，
達到前所未有的高峰。

（原書名：孤獨世紀末）

瓊安・魏蘭一波斯頓 Joanne Wieland-Burston◎著
宋偉航◎譯　余德慧◎導讀

覺得孤獨的人，其實是因為他的心靈缺乏共鳴的情形相當嚴重，是因為他對自己欠缺了解所致。

每一個小孩在成長的每一步，在人格成熟的每一進展，在碰上每一個新的挑戰時，都等於是離開安穩的環境，投身到新的處女地。這樣看來，孤獨是步向成熟不可避免的過程。生命每進入新的階段，都會出現某種形式的孤獨。

我們每個人都需要擁有內在的心靈空間，才能發展出成熟的人格，而伍爾芙說的「自己的房間」，是我所知最恰當的說法。我相信一個人既能孤獨又能合群，不只是我們人格發展的目標，同時也是不可或缺的先決條件。

〈導讀〉

人生的基調就是孤獨

東華大學族群關係與文化研究所教授
余德慧

這是一本心理治療書，治療孤獨。但是，不是消除孤獨，而是享受孤獨。但這句話也不完全正確，嚴格來說，是**消除「非自願的孤獨」，享受「安身立命的孤獨」**。

孤獨至少有兩種：不想孤單一個人，卻被迫孤單，這是「非自願性的孤獨」，例如失去親人，被趕出家門，被情人拋棄，或者因為自卑、憤怒而自絕於人群。一種是沈潛自求，獨運匠心，所以孤獨，這是「安身立命的孤獨」，例如佛陀、耶穌與藝術家。前者是孤獨之苦，後者是孤獨之樂。

在心理治療室裡頭的求助者，當然是非自願的孤獨者。要治療這樣的病人，就得從他那被拋棄的心靈裡活過來。一般來說，孤獨乃是人生之必要，不必消除，但是一個人心無長志，沈溺於依附之情，稍有孤單，總是倍感孤單。若是碰上生離死別，或遭人排拒，更是難以自處。當然，孤獨涉及人生很廣泛的層面，常讓人沮喪哭泣，又讓人心憐，因此，心理治療的目的，就是如何將這種心靈空乏的孤獨轉化為心靈豐盈的安身孤獨。

跟隨著這本書，我願意表露我對孤獨之旅的心路過程。由於**孤獨並不是一種情緒，而是一種處境底下的心境**，因此，從來沒有一種單獨的情緒的孤獨，反而是百味雜陳的孤獨。我在十九歲初離故鄉，到台北求學，品嚐到難以忍受的孤獨。而在此之前，我卻享受著鄉間的孤獨。這是兩個處境的轉換，十八歲的我在鄉下的家裡，因為與家人在一起，我的孤獨正如威尼考克醫生所說的「有伴的孤獨」：一個小孩在父母家人的陪伴下，專心做自己的事，不需要別人干擾的孤獨。在十五歲到十八歲之間，我享盡了這種孤獨。我想並不是所有人都有這個運氣，但是我相信任何人多少會經歷過這番「有伴的孤獨」。

我想，童年最深刻的伴侶應該是家人，他們為孩子提供整個生命的氛圍。我最喜歡的便是我的兩個祖母，阿嬤與外婆。她們都是早年寡居的婦人，含辛茹苦的扶養著子女長大。當她們的孫子出生，立刻帶來作祖母的喜悅，她們對孫子的疼愛是她們自己的兒女享受不到的。孫子的喜悅不在於祖母的慈愛，而是相伴：我自己在泥沙地玩，外祖母在廚房切豬菜煮蕃薯，我們小孩餓了，外祖母就拿一些烤蕃薯、煮花生給我們吃，當賣零食的小販來到院子，我們就吵著吃糕點糖果。祖母相伴是我一生最快樂的經驗，祖母並不干擾孫子的遊戲，孫子卻也自得其樂。

童年的經驗並不保證內心的豐盈，但卻在孩子的心底撲上一層溫柔。等到上學，孩子的心轉到友伴，祖母的相伴並沒有消失。在玩耍的路上看到祖母，會高興的叫出來，祖母要到哪兒，依然忠心地作個小跟班。當我開始陷入聯考的壓力，祖母當然救不了自己，但是我至今依然清晰的記得一個夏日裡，我坐在書桌前看書，阿嬤端了一杯人蔘茶來，我滿心愜意的邊喝邊做數學，窗外蟬叫，綠意漾然，祖母完全不懂我的功課，卻笑瞇瞇的看著自己的孫子用功。這番相伴的情，至今還感到我的生命流泉汩汩。

另一種豐盈的孤獨來自生病經驗。我在家鄉小鎮的初中唸書之初，十分好玩。後來生了幾次的病，窮極無聊，才開始翻書，對裡頭的東西感到好奇。其實，生病的時間極其緩慢，使我有心情慢慢琢磨書本的東西。時間緩慢，起先是寂寞，後來是細心思量一生的打算，才決定一輩子做學術工作。大學聯考給我的，與其說是壓力，不如說是學會孤獨。我總是一個人坐在校園裡，很安靜的看著書，成了我一生當中最懷念的時光。我想，離開家鄉到台北唸書，其間最大的痛苦恐怕是「找不到自己的房間」。在家鄉，我可以在樹下、河邊消磨半天的時光，可是偌大的台大校園，卻有著沒有容身之地的感覺。

在台北生活的前十年，我幾乎可以用「淒惶」兩個字來形容自己，沒有家的感覺。甚至坐在房裡，看著別人家的燈火，感到靈魂的不安。唸著洋人的書，也有不知自己的學術安身何處。我想，後來追隨楊國樞先生作本土心理學，有很大的動力來自學術的失根感。我對這種安身的「房間」非常敏感，那是自己的「一個角落」，自己可以非常專注地在那裡。每當我讀一本好書，我的專注就是我「安身的孤獨」，當我惶惑不安，只要專注到這種「家裡的書」，我就變得非常安靜。在「家裡的書」裡頭，時間本身幾乎就是可以觸摸得到的生命。**人生之所以覺得苦短，一定是很喜歡這個世界，但不一定是熱鬧。**

我完全同意本書的觀點：**「人生的基調就是孤獨」**。尤其面臨死亡，我們有著最根本的孤獨。我曾經接觸過一些失去至親的朋友，她們與過世的配偶、父母或手足有相當親暱的關係，以至於在親人去世之後，幾乎無法完全恢復過來。如此深刻的孤獨，讓我們感到恐懼，但是即使有人能夠了然那「存在的孤獨」，也避免不了其在幸福與離別苦楚之間的落差。我們活著的時候並不是一個人，而是不斷的承受親人摯友的投注，與他們在一起的時候，透過幸福的感覺，把他們融化在我們生命的氛圍，形成我們生命的顏色，即使他們已經過世，我們的生命史學依舊幢影重疊，今日與昨日交織成一片，已逝的親人是我們「房間」的一部份，每當夜闌人靜，他們的身影從「記憶的房間」出現，眼前卻是遍尋不見，那份淒苦幾乎已經成了人類的宿命。

在我們死亡之前，能夠享受「安身的孤獨」，恐怕是人最大的幸福。依照現在當紅的西方心理治療說法，我們內心都有個最真誠的小人兒，他渴望有一間「自己的房間」，可以安身立命。但是，親人的死亡。我們在哀痛之餘，如何寶貝我們的記憶，也需要有相當的智慧。**本書不僅超越傳統精神分析，將神話、宗教的浩瀚加入心理治療的領域，也鼓勵人們有智慧的處理我們的宿命。**在我看來，不但要接受孤獨的宿命，也必須積極的將孤獨與生老病死一樣，當作生命的自然本性，才能將自己的心性擴及宇宙天心，所產生的智慧如詩如夢，才有終極的安身孤獨吧。

一九九八年十二月於東華大學

孤獨的誘惑（原書名：孤獨世紀末）

【目錄】全書總頁數共304頁

13

孤獨和寂靜

扛起自己的孤獨

0

導論

Introduction

就在我坐下來寫這本書的時候，我從周遭世界裡看到、聽到的孤獨體驗，其之鮮明、多變，依然深烙在我心中。在我的執業生涯當中，所見、所聞盡是世人因孤獨而承受莫名的煎熬。這煎熬，有一時片刻的沮喪，也有直搗胸臆、直墜而下的恐懼，不一而足。這時，當事人只覺得孑然一身、孤立無助、遭全世界摒棄。這種孤獨，常是因為得不到家人或是朋友的接納、了解而引發的。害怕被人扔下不管，被所愛的人拋棄，也會引發全面的恐慌，甚至植入日常生活當中，成為一言一行的驅力，進而決定一個人如何因應日常生活裡的細行瑣事。

但也有人告訴我，他有多喜歡難得的孤獨時刻；這時，他可以沈醉在獨處時異常敏銳的思緒裡，細細品味隨心所欲的自由，完全不去管別人有什麼感覺、有什麼期望。所以，還是有人嚮往孤獨的——有人渴望暫時遁入孤獨，遠離擾攘的塵囂，在遺世獨立的綠洲，讓身心來次速簡的休養生息——有些人則希望可以逃離人世久一點，將他們厭惡之至的社會責任整個扔掉。在此，我想到的當然不只是我的病人而已，我也想起了我的親朋好友，他們曾對我說起多希望有個伴侶可以常相依偎；可是，一講到這裡，他們每每又快快加上一句，說他們也希望這心愛的人兒只要偶爾相隨就好，因為，他們需要很大的個人空間。獨自一人——也就是孤獨——只要份量正好，若再搭配上份量正好的依戀，似乎是生命相當美妙的調劑。這一點，看來像是當今世人戴在身上的一個標誌：既需要親密，也需要疏離；既需要伴侶，也需要孤獨。

在這裡，我也需要想想我自己的狀況，想想在我生命的歷程裡曾因孤獨而引發的痛苦，特別是在生離死別的時候。所以，我對這題材的興趣，其實也來自真實生活的遭遇為我帶來的情緒波瀾。我個人有時也喜歡獨處，也喜歡與世隔絕一陣子；但這在我心裡的份量並不重，所以，在我身上未必能夠刺激我去思索這個主題。吸引我的，其實是兩種和孤獨有關的情緒，兩種看似相反實則並存的矛盾情緒——孤獨之苦，與孤獨之樂。

而我發現我的孩子從一出生起，看起來便好像很喜歡和人在一起，但留他獨自一人時，又頗能自得其樂。他的反應當然有好幾個階段的變化，但是，他看來好像始終都很喜歡獨處：他在還是個小嬰兒的時候，便習慣自己一人靜靜的——有時倒未必多安靜——躺在小床上，唧唧咕咕的自言自語，後來還會哼哼啊啊的唱歌。要不，他就玩自己的小手，後來會玩玩具。分離的痛苦是到後來才出現的——約在兩歲左右——雖然，他的反應有時好像相當嚴重，但倒從來不會延續很久。不過，我有這觀察結果，也可能是因為我在內心深處對這孩子有這樣的期望吧。因為，我覺得一個人若能長成為一個獨立又合群的人，不論在人群當中或是孤獨一人都可以過得好好的，都可以愛自己、也愛別人，會是件十分美好的事。

從我這些個人親身觀察到的孤獨面相，大家應該可以馬上看出來，人類對這無法避免的經驗，不論是心中的看法還是外在的反應，都不一致：有的人恓恓惶惶，有的人樂在其中；而在苦、樂的兩端之間，還有許多漸層的分別。這時，這個司空見慣但不易回答的問題，就可以堂而皇之提出來了：那怎樣才算「正常」的呢？要不然，你也可以稍稍跳出精神正常與否的框框來看（我覺得這樣的說法，對整體的心理探索會比較有用），而將問題變成：人類的生活狀態，應該以何種型式為「典型」（typical）的呢？孤獨為什麼會引發這麼多極端又多變的情緒呢？為什麼有人以孤獨為苦，有人卻以孤獨為樂呢？這些，便是我坐下來寫這本書時心裡盤桓的問題。

一般人比較常談的孤獨，也比較能自由談論的孤獨，以老年的孤獨居多。可是，生命的每一階段各有其孤獨：不論是嬰兒期、童年期、青春期、成人期還是老年期，皆然。這些正常的生命歷程裡的各階段的孤獨體驗，我稱之為「孤獨的生理歷程」；這些階段裡的孤獨效果和感覺情調，可能會為人帶來痛苦，教人委靡不振；但也可能教人意氣昂揚，積極奮發。近年，雷尼．史畢茲（René Spitz）以大量研究，讓專業領域裡的人士多了解了一些小嬰兒若缺乏人際溫暖，長處孤獨之餘，會出現何種消沈甚至致命的結果①。青少年的孤獨，向來是大家關注的主題，如安德烈．紀德（André Gide）寫的《偽造犯》（*The Counterfeiters*）②，以及當今普遍的吸毒問題便是此之一端。青少年對孤獨特別容易覺得椎心，而會被推到絕望的境地；在歷史上，甚至有演成自殺潮的事例；一代又一代的青少年，就這樣各自用他們極端的方式來面對孤單——有追求孤獨者，有享受孤獨者，也有逃避孤獨者；也可能以喝酒、嗑藥、鬧事、自殺來渲洩情緒，至於是以哪一種為多，就看那段時期流行的是什麼了。然而，這份「折磨」（ordeal，我選用這個詞，是因為我知道這個詞同時也指稱：「前科學文化」pre-scientific裡常儀式化 ritualized的一種挑戰）有一個面相，則是亙古不變的——他們的感受全都直搗內心深處。但在這方面，另有一個心裡發展的層面也十分重要，甚至應該說是不可或缺卻未必明顯可見：這在佛瑞茲．萊曼（Fritz Riemann）的著作當中已有詳述。③

熱戀中人，不論男女老幼，都會因為失去所愛而苦。只要曾經愛過的人，都知道箇中滋味。這種苦楚，向來都被標舉為「真愛」的證據。詩歌、文學和音樂創作，便一再歌頌這觀念。在我們的「痛苦時序表」（chronology of suffering）裡，女性在邁入「空巢期」時，通常也正進入停經期；這時，這種深扣在基底裡教人心弦震顫的孤獨，每每逼使女性於步入中年之際，不得不正視自身、生活以及人際關係裡的一些基本問題。男性也會有類似的問題，但是，激發的原因通常以婚姻破裂或是事業受挫為主。至於老年人的孤獨，則是眾所周知的現象，因為，即使在講究敬老的文化裡面，一般的老年人過的還是相當孤寂的日子；只有在迫不得已的時候，社會才會再想起他們，向他們求教。一般人在步入晚年之後，自然會從繁忙的社會裡引退，以致老年人常淪落到社會的邊緣。到了當今這樣的世界裡，老年人與世隔絕的處境尤其明顯。他們成群窩居在破落的社區，就和史畢茲說的那些無人聞問的小嬰兒差不多，孤獨落寞的悄悄凋零——所以，這樣的老年人罹患憂鬱症或是提早告別人間，是司空見慣的事。

這樣簡述孤獨的不同階段之後，我們可以看出這個問題牽涉到的不只是痛苦而已。這裡面另還有正面的效果，可以推動一個人的心理發展。現代人對孤獨的看法，不論怎樣，通常都有這種共通的誤解；因為，孤獨於當今可算是熱門話題；於未來還會進一步成為世人關注的大事，原因為何，我們會在第一章作詳細的討論。**起碼從齊克果**（Kierkegaard) **開始，人類便覺得人類於世間的生命，就僅只是一段「存在之孤獨」**(existential solitude) 而已。可是，其他許多大聲頌揚「孤獨之魔咒」(charms of solitude) 的聲音，又該作何解釋呢？這「孤獨之魔咒」，是威廉・考柏（William Cowper，1731-1800，英國詩人，患有憂鬱症，詩歌以讚美田園風光和自然景色為主）於十八世紀用來形容孤獨對人的誘惑的說法。在當今，非自願的孤獨，於當事人會形成深刻而且無所不在的痛苦，這不難體會；但是，於此同時，我們也需要注意有另一種渴求孤獨的情緒——至少是渴求某種「品質」的孤獨——其深刻和普遍，絕不亞於孤獨之苦。這裡所謂的「品質」，便是關鍵所在：這種孤獨，必須份量適當，能保障某種程度的獨立；當然，也必須是自願的，而不是由外力強行加諸的。有了這些「分化」(differentiation) 的條件，人世間的孤獨，就完全是另外一回事了。例如，孤獨若不是自願的選擇，而是因為被他人排擠，那麼，孤獨一定會帶來極大的痛苦。一個人若覺得太寂寞——內心裡渴望建立的關係始終遙不可及——那也一定會帶來痛苦。

我們生存的這一時代，由於標榜個人主義，使得許多人安身立命的立足點，寧捨合群的生活，而自願離群索居。**當今世人追尋愜意、自主的生活型態，似乎帶領愈來愈多**

的人選擇孤獨。隨之而來的，就是離婚好像變成家常便飯了。所以，我們正處於一個嶄新的社會現象裡面：我們的社會裡，現在也包含了不再「聯屬」(attached)，或者是形似「聯屬」實則不然的家庭，以及不完整的家庭；這些在在將我們的社會，變成了「孤單的社會」(Singles' Society)。這樣的生活型態已經十分普遍：世人於物質上，可以靠財務規劃求得依靠，而不必再住在「密織」(close-knit)的工作團體裡。只是，他們在心理上的感受到底是如何的呢？此外，追求個人主義以及孤單生活的趨勢，於心理深處的動機到底是什麼呢？心理治療這門行業，即時時都在見證孤獨為世人帶來的困擾。世人進行的心理治療，和我們對當今世界所懷抱的「意象」(image)，有密不可分的關係，而可以看作是現代世界因孤獨而直接衍生出來的東西。弗洛依德寫的心理分析開山之作《夢的解析》(*The Interpretation of Dreams*)④為二十世紀打開了扉頁。世人最早給心理分析定的一個名詞，「談話治療」(talking cure)，的確就是要將心理分析和言語、和自我表達(self-expression)建立起了關係；這強調的，也就在「關係」上面——就是和孤立、疏離、孤獨形成對照的「關係」上面。雖然，孤獨未必是作心理治療的人所要處理的重點；但是，孤獨就算不是基本問題的核心、基底，也一定是一大重要層面。孤獨，還有我們對孤獨的反應，是所有心理問題的根由。若不是有孤獨的感覺，有誰會去作心理治療呢？所以，我們也就不必奇怪怎麼心理治療的「痊癒」(cure)效果，向來都和建立關係或是重建關係有關；或者，說得嚴重一點，就是要將一個人從孤立的處境當中「拉回來」(retrieval)。而這孤立的感覺，其實是「心理內部」(intrapsychic)的成分居多，「心理之間」(interpsychic)的成分較少。也就是說，之所以出現孤立的感覺，主要是因為一個人和其內在世界脫節了；他和外在世界的關係，只是這種脫節現象的反映。只是，前者必然包含後者，必然牽涉後者，也必然引發後者。一個人若是無法和自己建立起更深入的接觸(依榮格的說法，應該就是心理治療可以加強自我ego和本我self之間的聯繫，前者是意識的中心，後者是更廣大的人格personality的中心)，也就無法和他人建立起更深入的接觸。心理分析揭露了現代人的悲慘命運：我們一方面在有意無意之間追求個人主義，一方面又在有意無意之間渴求能夠從「存在之孤獨」的痛苦當中解脫，我們就依違在這兩種欲求裡，無所適從。世人在追求這目標之餘，常常也將自己帶入了孤立當中。有時，一級級推下去，甚至會走到孤獨欲狂的境地裡去。我們常看見有些人渾然不知自己正遭內心深處的孤獨折磨——也就是和自己的內在世界嚴重脫節——卻滿口頌揚這種極端的個人主義。所以，他們的嚮往，其實只是在掩飾他們無力和自我、和他人建立起關係，無力形成有意義的感情歸屬而已。可是，若是真要以自己選擇的方式過自己要過的日子(換言之，過著帶點個人主義的生活），就必須既能獨處，又能覺得——最好是這樣——和自己及別人有所聯繫。世上無人可以在社交或是心理完全孤立的情況下，遺世獨立又過得愜意的。

但是，**孤獨有另一個面向，就是發明、創造的過程都需要某種程度的孤獨**。每一樣創造工作——不論是藝術還是科學——在構想成型的階段裡，都會有某些時候需要孤獨。孤獨——或者至少是些許孤獨——是任何創造活動不可或缺的前提。詩人、畫家不都需要有個僻靜的處所，供他們潛心創作的嗎？——像是畫室，閣樓，杳無人煙的野外之類的地方。古代的隱士和聖徒，不就常是遁走沙漠、荒山或是隱修院，與世隔絕，潛心靈修的嗎？（隱修院的英文cloister，出自*claudere*，意為「隔絕」）即使是當今比較「平常」的人，也就是既不是詩人、畫家、修士也不是聖徒的人，也會需要有個安靜處所，有個與世隔絕的地方，供自己的創造力得以施展。而這所謂的「創造力」，可能只是平凡如為日常生活的問題找個解決方法罷了。

我們對孤獨的看法，其實是極其矛盾的（我們生命中所有重要的領域，不都差不多嗎？）。**我們需要孤獨，我們苦於孤獨，我們追求孤獨，我們逃避孤獨**。孤獨雖然可能有所助益，但是，孤獨通常是痛苦的；不過，或許唯有經過孤獨的痛苦淬煉，孤獨的經驗才會對我們真的有所助益，真的可以推動我們人格的發展。這種矛盾，就帶出了一些重要問題。我們該怎樣找出我們個人需要的孤獨劑量呢？——這孤獨的劑量，特別是這孤獨的品質，必須能讓我們的生活過得愜意又滿足。孤獨若真的是我們心理發展不可或缺的條件，那我們該怎樣與之相忍為安呢？或者說是該怎樣和孤獨共同營造愜意又充實的生活呢？我們該怎樣和自己建立起適當的關係，讓生命裡無可逃避的孤獨——讓人類生存的這一必要成分，於我們是有助益的，要不至少也是尚能忍受的。這些和孤獨經驗有關的問題，便是本書的主題。

在第一章裡，我們要探討孤獨為我們帶來的痛苦，找出孤獨的經驗為什麼會那麼痛苦的原因。我們要談一些討論孤獨的文章，一方面看看世人即使身在完整的文化脈絡裡面，也一樣會感受到孤獨，而他們又是怎樣面對孤獨、處理孤獨的。這時難免就要將我們現代的世界，與之作個比較。雖然這個題材一點也不新鮮，但是，唯有放在這樣的脈絡裡，放在當代的人口組成和心理背景裡（這二者是息息相關的），我們才能真切勾劃出到底是什麼原因，讓我們的處境孤獨到這無以復加的地步。由此，我們要再繼續分析孤獨的組成。十八世紀一篇描述孤身流落荒島的詩篇，以及近代一篇獨處幽囚的自述，便可以讓我們看看孤獨有哪些基本成分。另外一篇童話故事，提供的是比較活潑（比較偏向「過程取向」process-oriented）的視野，因為故事裡說的是孤獨在青少年的成長過程當中，能扮演怎樣的角色，而由此揭露孤獨內含的心理成長力量：韓瑟（Hansel）和葛瑞桃（Gretel）兩兄妹在孤獨的境地裡，歷經痛苦的探險，而長成為通情達理的成人。我們也可以在他們的故事裡，挖掘出更多有關孤獨之痛的心理背景，孤獨蘊藏的莫名負面狂想（化作「共生的慾望」symbiotic desires），也因而看出被孤獨掩蓋的陷阱。碰見巫婆，力戰巫婆，代表的就是了解現實裡深層的心理層面。個案素材，則可協助我們經由這個童話故事，進一步釐清其間的寓意。

孤獨和自尊有密切的關係。不管我們是覺得被人排斥而陷於孤獨，覺得自己一無是處，抑或是我們自願選擇孤獨、自願忍受孤獨，反而意氣風發，甚至自覺高人一等——不管是哪種情況，只要孤獨凝聚成了「情意叢」，自尊便是核心裡的問題。在第二章裡，我們便要探討這個問題的另一面：孤獨之樂，以及孤獨內含的特殊渴望。我們只要看看佛陀、聖安東尼（Saint Anthony）、耶穌基督等等宗教人物的隱修事例，就可以看出：自願選擇孤獨，於人類一直有一份獨特的魅力，因為（根據哈西德教派Chassids長老的說法），

孤獨是上帝獨享的權力。宗教領袖之所以選擇孤獨之路，為的就是要效法上帝，所以才刻意將自己放在類似的孤獨裡，希望可以因此蒙上帝眷顧，達到精神超脫的巔峰。追尋孤獨，於古往今來，不論是出世還是入世的情境裡，向來都是為了追求更高超、更恢宏，超越當今生存境地的生命狀態。在這條追尋道路的背後，躲著渴慕超凡入聖的誘惑。扼要看過西方世界對孤獨的看法之後，可以約略了解孤獨向來都是西方人於「合群」之外的另一個美好選擇。當代人避世隱居，性質較偏向凡俗這一邊，而且通常是為了追求個人主義。他們可能都是因為人際關係教他們失望，而在有意無意之間步上了這條道路。他們遺世獨立的姿態，表露的其實是一種「分裂人格」(schizoid)，摻雜了大量無意識的共生幻想（就像韓瑟和葛瑞桃）。依此類推，我們可以在孤獨的追尋裡，找到對「共生」的渴慕（特別是遭世人傷害之後的隱遁）。既然在這種狀況之下遁入大自然（隱遁山林）沒什麼不好的，我們就該由此了解，所有「回歸自然」的運動，都是人類在人際關係裡受挫之後，而轉向「萬物之母」（大自然）的懷抱裡尋找母性、共生的慰藉（參見佩脫拉克Petrarch、盧梭Rousseau、梭羅Thoreau等人的事例）。

史上的英雄，都是孤獨的人物——從古希臘的英雄，到晚近民間傳說中的西部牛仔、當代著名的私家偵探，以迄古往今來所有「悲壯的孤絕」(splendid isolation) 當中的詩人、畫家等等，無一不是如此。英雄是不會為凡俗世界裡區區的人際關係所引誘的。可是，反過來他們也可能就是因為於人際關係上有障礙，所以才成其英雄的。灰姑娘辛德瑞拉(Cinderella)，便是個無人聞問的燒柴小女工 (cindermaid，cinder意為柴火，指辛德瑞拉專門在廚房裡做些升火燒柴的雜工)，可是，心裡卻常懷高遠的夢想。雖然她一開始選的是離群索居，但是，她最後還是鼓勇向前擁抱她的夢想——去證明她穿得下那雙玻璃鞋——因而能和王子建立起真正的關係。她的成長歷程，對我們要談的主題相當有用。不管會有什麼極端的情況，**孤獨是生命裡的一個必要面向**，就算我們沒有一個人敢說我們真的一天需要八小時的孤獨時光，身心才會健康。可是，搞不好真是如此呢！

最後的第三章，談的是心理治療裡的不同孤獨面向。在第一節裡，我要先將我在頭兩章裡不得不做的兩極對比，重新結合起來，說明在孤獨的體驗後面潛藏了哪些細微的感情變化。我盡力將它說個明白，但是，在此我還是要直陳：有關孤獨這件事情，還是有很多模稜兩可的地方，或者該說是有「多重的誘發力」(polyvalence) 吧。不過，這也正是人類生活的一個基本特色，因為人類本身便是組成複雜的生命體。一般而言，人類對自己觀點裡隱藏的複雜性，多半不知不覺：一般人通常不會自動去感覺自己內心裡各種細微的組成，也不會將之條分縷析。在這裡，我說的是從孤立的觀點來看孤獨的兩極感受——正面和負面兩種。這兩種基本感受，在現實裡可以出現無以計數的組合。可是，人類好像天生就特別沒有辦法去了解：在清清楚楚意識得到的感覺之外，他的內心裡還有其他沒那麼清楚的情緒存在。

我的病人述說他們的孤獨感時，大部份不是哀哀投訴他們覺得孤單得要命，就是說他們想離群索居想得要命——至少是一陣子吧。有許多人在他們正常的生活軌道裡「硬撐」了一陣子，但是，最後還是「非得逃開不可」，不管是獨自一人過一個禮拜，還是跑到印度、尼泊爾去靈修，或者是到第三世界哪個帶有強烈靈修色彩的地方去過一陣子。即使是新世代的經理人，也時興「閉關」，放任自己獨處一下。只是，極少有人感覺得出來，潛藏在他們內心深處對孤獨的感覺，另有一些是沒那麼和諧的。極少人說得出來孤獨的時刻為他們帶來了怎樣苦樂交雜的感受。

我就要從這裡作起點，以維吉妮亞・伍爾芙（Virginia Woolf）提出來的一個意象，「**自己的房間**」（A Room of One's Own），來說明心理治療的目標。伍爾芙用這意象，形容女性若要寫作便需要一間「自己的房間」。⑤這是創造力要開花結果所需要的空間：這時，雖然是以接觸自我為主，但是，和外界的接觸並未中斷。所以，我認為，心理治療所要追求的，是找出一方空間，讓我們可以發展自我，但又不至於將外界整個關在外面。

另一個我覺得對我闡發心理治療的理想相當有用的意象，是從唐諾・威尼考特（Donald W. Winnicott）那裡拿來的：他曾說過小孩子需要「有伴的孤獨」。威尼考特認為這是人類於幼年期的一個基本經驗，人類就是因為有這經驗，才得以獨處。這種沈靜、肯定的體驗，便是心理治療以及本我感覺正常發展應該取法的模範。從我的執業個案裡取例，可以看出孤獨的典型問題（不論是因為抑鬱寡歡，反而於內心深處萌生對孤獨的渴望，或是因為覺得遭世人遺棄而覺恐慌，或是內心裡像無底洞般的痛苦孤獨），都可以在心理治療的架構裡面發展出來。

每一個人的生命裡，都包含孤獨和人際關係兩條主軸交纏的多種組合。人類經驗裡的這兩極狀態，一下收縮、一下舒張，形成我們生活裡的基本動力，從生（開始我們這一生最早、原初的關係之時）到死（放下所有的關係，回到最終、無情的孤獨裡去），永不中輟。當我們的發展遇上了阻礙，我們常會退縮到內在的孤獨裡：而將我們和自我、和外界的聯繫，整個關閉起來。這時，心理的程序（process）於焉開展，和內心的世界進行進一步的接觸：夢境，還有其他的癥狀開始爭相出現，力圖重建被打斷的溝通，力圖要重新啟動綜效的程序（synergetic process）。我們在心理治療裡要做的，**就是幫助世人找到回到溝通世界、回到人際世界的道路，回到他們內心裡的聲音裡去，回到他們內心裡的面向，回到外在世界。牽起內心裡那個小孩的小手，傾聽他的憂傷、他的喜樂**，學著照顧他——這個強烈的意象，便是有助於我們成長的心態。這個意象的中心主題，便是人際關係，而這意義，極可能是出自我們幼年時期和照顧我們的人之間的關係。不論是哪一個心理治療學派，都認為我們和自我的基本關係，只要建立穩固，不論是在幼年時即已建立還是在心理治療時重建，都可以使孤獨在人類的經驗光譜上，找到它該有的位置，而且是在人際關係旁邊的位置上。若是這種基本、可靠的關係一直沒有建立起來，孤獨便會成為其大無比的威脅，教我們避之唯恐不及。

馬丁・布柏（Martin Buber）曾說，**在這理性取向的現代世界，我們像是生存在「沒有歸宿」**（without housing，*Unbehaustheit*）**的文明裡，生活的基調，就是孤獨**；他這說法是不爭的事實。既然身在這樣的處境裡，個人內在的基底——也就是前面所說的那種「原初關係」（primary relationship）——其重要性便更是無以復加了。在過去，孤獨在虛幻的共生世界裡給與世人的許諾，在在淪為致命的誘惑。這些許諾，帶著一群一群的人，爭相實現這些人間天堂，到頭來，卻只是洩露他們的人性本質。日日維持我們的孤獨，於根本上，等於是對人性的一大挑戰。若再能秉持道德勇氣，以我們適中的孤獨之道，大聲表白我們的孤獨需求，是另一大挑戰，這挑戰唯有知道怎麼在人群裡獨處、怎麼活在「自己的房間」裡的人，才有辦法應付。**孤獨在人類的家庭裡若是真要建立起來，便需要我們每人都能安然享有「存在之孤獨」。**

註釋

1.雷尼・史畢茲是一位心理分析師，以直接觀察嬰兒的行為進行研究而知名。他的作品參見：*Genetic Field Theory & Ego Formation* (Madison, CT: International University Press, 1962); *No & Yes: On the Genesis of Human Communication* (Madison, CT: International University Press, 1966); René A. Spitz and W. Godfrey Cobliner, *First Year of Life: A Psychoanalytic Study of Normal & Deviant Development of Object Relations* (Madison, CT: International University Press, 1966)。

2.紀德 (André Gide)，《偽造犯》 *The Counterfeiters* (New York: Vintage / Random House, 1973)。

3.佛瑞茲・萊曼 (Fritz Riemann)，*Die schizoide Gesellschaf,* (Munich: Christian Kaiser, 1975)。

4. 西蒙·弗洛依德（Sigmund Freud），《夢的解析》（*The Interpretation of Dreams*），A. A. Brill英譯（New York: Modern Library / Random, 1978）。

5. 維吉妮亞·伍爾芙（Virginia Woolf），《自己的房間》（*A Room of One's Own*），1929（New York & London: Granada, 1981）。

20

孤獨世紀末

1

孤獨之苦

Solitude and Suffering

關係之必要

從蒙昧的時代起，人類就恆常因為覺得孤單、寂寞，覺得被遺棄，覺得沒人愛，深以為苦。人類好像生來即注定如此，而且還會繼續這樣下去，因為，孤獨是人性一大特徵——「依戀」(attachment)——的另一面。人類天生的秉賦：就是必須和別人建立依戀的關係。一旦沒有了這些依戀——不論是切斷了，還是消失了——我們都會深覺痛苦。我們大可用榮格式的辭彙，說我們天生就有一種「建立關係」的「原型需要」(archetypal need)，人類的天性就是需要覺得自己和某種東西有關係——不只是和人有關係，也和事物有關係。從遠古的穴居人類到現代的繁華都會，不論是哪個文化裡的男男女女，全都知道自己有這個需要。當這個需要無法滿足的時候，我們就會備覺孤單、寂寞——就是備嘗孤獨的苦楚。

有些人好像蠻能享受孤獨，有些人甚至還會追求孤獨——我們每一個人有時是真的需要獨處。有些人有辦法獨處相當長的一段時間，而不會有孤單、見棄的感覺。這樣的能力，據說是源自個人早年的特定經驗，這種經驗我會在這本書的最後一章裡作比較詳盡的說明。在此，為了說理清晰起見，我還是稍稍提一下：即使有些人喜歡孤獨——喜歡退居社會的邊緣，與世隔絕，或是隱居一陣子——即使是這樣，他們仍然非常需要覺得自己和外界有所關聯。這份需求，可以從人類之外的事物得到滿足——像是動物，或是沒有生命的東西、書籍、繪畫、音樂、文化或甚至個人所有的物品像傢俱之類的東西等等。覺得自己和某個東西、某個處所、某個地方、某種景色有關係，有依戀，有互動，都能讓人覺得他和他周遭的環境、和他自己是息息相關的。

人類的這類需求一旦無法滿足，在當事人的身上造成的殘害，是立即可見的：例如難民營裡的難民，被活生生從熟悉的環境裡連根拔起，在難民營裡舉目無親，甚至連身邊用的東西都不是他們熟悉的，都不是他們珍惜的，也不是他們覺得「自在」的。所以，在此特別要提出一點：全世界的社會，對罪犯都是以監禁和多種幽囚的方式來作懲罰。罪犯因這樣的懲罰而承受的痛苦，現在應該很容易明瞭了。艾瑞克•佛洛姆（Erich Fromm）對孤獨於個人身上會造成何種嚴重後果，就說得相當明白。他說：

孤單、與世隔絶的感覺，會導致心智崩潰，一如生理上的飢餓會造成死亡。①

將孤獨於心智和靈魂上的損害，比作飢餓於生理上的損害，是十分有力的說法。我們都知道悼亡的滋味、和所愛分別的滋味；我們都見過——要不至少也聽過——家被拆散的痛苦，或是因疾病、老弱而孤立在社交之外的躁鬱和冷漠。因孤獨而苦，乃是人性本色。絲毫不以孤獨為苦，可比因孤獨而苦還要是個問題。（是有極少數的人，還是會說他們只想要孤獨生活，而且非要孤獨生活不可；然而，追究起來，他們之所以如此，主要還是因為人際關係挫敗，而在他們內心深處形成了根深柢固的不信任感。他們在無意識裡，其實還是因孤獨而苦的，只是被他們擺出來的「悲壯的孤絕」給蓋過去了。）我們可以相當籠統的說，人類不論是天生比較善交際還是天生比較退縮，在天性裡的「關係需求」未得滿足的時候，都會因為孤單、寂寞而苦；**孤獨，是會帶來痛苦的**。

在這一章裡，我們要鑽入孤獨的負面裡去，看看古人在社交關係完好無損的社會裡，是怎樣處理孤獨的——看看他們的感受是什麼，表達的方式是什麼，應付的方法又是什麼。將這些和我們當代的社會作一比較，可以揭露社會和文化對我們於孤獨的感知和體驗有何影響。由這裡開始，我們要繼續朝深處挖掘，探討孤獨之苦包含了哪些成分。孤獨為什麼會教人這麼苦惱呢？我們覺得孤獨的時候，內心真正欠缺的是什麼？而這欠缺的，為什麼又會這麼椎心呢？這種痛苦，「正常」嗎？有辦法減輕嗎？這痛苦裡面，是不是也有正面的部份呢？對於這個問題，我們就要以一本二十世紀的小說和一首十八世紀的詩，來作詳細的分析。接下來，我們要再繼續看一則童話故事，因為，在這類佚名的通俗創作裡面，正可以看出人類典型的問題可以怎樣就心理發展的潛力來作演繹。由〈森林裡的糖果屋〉韓瑟和葛瑞桃的故事裡，我們可以看出孤獨這種內在的心理狀態，會有怎樣的動力作用：孤獨是怎麼出現的，會把我們帶到哪裡去，又該怎樣消除。放在這樣的情境裡看，孤獨，甚至孤獨之苦，可以視作是成長過程裡重要但是痛苦的歷程。由這個例子，我們就會直接進入心理治療的真實案例，去看看幾個孤獨的負面情況，找找看問題的根源是在哪裡，透過心理治療又能夠促成什麼心理發展。

死亡與流放㈠

早期的死亡文化

從遠古到現在，人類因孤獨而苦的基本生命經驗，可以粗分為兩大類——死亡和流放。這兩種經驗自古以來，一直是生命裡無可迴避的事實，而且，將來也還是如此。由這二者可讓我們明瞭，我們重視「關係」的感覺到了什麼樣的程度，我們需要「關係」的感覺又到什麼樣的程度；唯有這種感覺，才能讓我們面對自己的時候，覺得自在，進而在面對外界的時候，也覺得自在。為了對此有較深入的了解，我們要詳細談談三份文獻。其中兩份，記載的是遠古時代的孤獨之苦，以及他們怎樣表達這份苦痛，怎樣處理這份苦痛。以之和現代人比較，有助於說明為什麼當今世人會覺得孤獨這麼恐怖。第三份文獻是現代的作品，內容偏向欠缺孤獨對我們會有什麼意義；也就是說，我們在說我們覺得好孤單的時候，我們真正欠缺的是什麼。

失去所愛，向來是件苦事，不論是生離或是死別。不論被愛人拋棄，還是孩子長大離家，分離一定會為我們帶來痛苦的孤獨。在這裡，我要將重點放在所愛死別的痛苦上。我們文化裡最古老的文獻，有一份就可以供我們透視這種人生必然的孤獨在遠古時代是怎樣的情形。

孤獨之苦，其椎心之痛，絕非一人可以隱忍不發的。這種椎心之痛，需要以行動發洩出來，而無法將之視為內心的狀態而形諸言辭。這樣的表達既然那麼強烈，自然就需要有觀眾作見證，給與當事人扶持和慰安。這所謂的「觀眾」，指的是當下的社會和精神上的社群，而他們一定要帶給當事人共鳴和理解，而將現代人會碰上的絕對的孤獨，排除在外。當事人在覺得隸屬於某個宇宙，而這個宇宙也算得上是精神宇宙時，它便會回應一個人內心裡的痛苦，肯定這份痛苦，讓當事人覺得他的痛苦得到了他人的肯定、他人的接受、他人的允許。在身受孤獨之苦的人周圍，有這麼一個充滿同情、充滿關懷的世界，能讓當事人的本我、當事人的生命，雖然因所愛死別而暫告破裂，但還是能夠因此而重建他和本我、和生命之間的關係。

在這裡，我們不妨提一下聖經裡的約伯（Job），他因為失去親朋好友、身家財產而蒙受的痛苦，是眾所周知的故事，放在今天來看，依然教人動容。扯下頭髮，在頭上抹灰，是約伯表達痛苦的方式。可是，聖經裡的〈約伯記〉，可能是寫於「猶太—基督紀元前」

（Before the Judaeo-Christian Era，此後以B.J.C.E.表示）的第六個世紀。所以，我們還是看看另一篇時代更早，只是名聲沒那麼響亮的文獻吧。古代蘇美人流傳下來的《吉爾伽美什史詩》（*Gilgamesh Epic*），有一大部份都是在描寫吉爾伽美什在好友安吉度（Enkidu）死亡之後的反應。由於吉爾迦美什這人物根據的範本，據信於B.J.C.E.二七五〇年至二六〇〇年間生存在巴比倫南方的烏魯（Uru），所以，學者推算這部史詩應該寫於B.J.C.E.一七〇〇年間。看來這部文獻真的十分古老。

吉爾迦美什於安吉度死後的悲慟，於史詩中以三個段落來描述。吉爾迦美什乍聞惡耗，一開始是召喚他周遭所有的人、所有的東西到他的身邊來；這些人、這些東西，便是他的世界。他這樣的反應，本身包含了相當深長的意義；因為由此可見，這樣的舉動就算不是吉爾迦美什本人，也是史詩的作者不由自主就出現的第一個也是對他最重要的動作。這些人、這些東西，是想像裡傾訴的對象，個個靜默無聲，但是滿懷同情，見證主人翁的哀慟。他一個個召喚，逐一點名，要它們陪他哀悼安吉度。「雪松林啊，烏魯戛爾特（Uruk-Gart）的祖先啊，所有的生靈啊，深山裡的人哪，密林裡的地面啊，森林啊，松樹啊，柏樹啊，熊啊，野狗啊，老虎啊，烏萊亞（Ulai）聖河啊，聖潔的幼發拉底河（Euphrates）啊，牧人啊，娼妓啊，」②吉爾迦美什在詩裡一一召喚他們，要求他們助他一臂之力，和他為安吉度同聲一哭。

這個萬物有靈的小宇宙——大自然的世界，男男女女的世界，在他們的想像裡，個個都可以感受到當事人的哀慟，個個也都願意去感受當事人的哀慟——由此可見，雖然吉爾迦美什可能因為安吉度之死而有被遺棄的感覺，但是，他不至於因此覺得在人世當中是全然孤立的。因為，在他周圍，有好多生靈在陪伴他，他們聽得見他的哀慟，甚至，還可以幫他抒發哀慟，讓他承受得住這份哀慟。這生命裡無法逃避之慟，在一段詩文裡有直接的引述，所喚起的意象我們可能比較熟悉。這段就是吉爾迦美什說，「我為我的好友安吉度而哭，像個哭墓女（*Klagerweib*，wailing woman）般哭得肝腸寸斷。」我們在古希臘的悲劇和現代希臘的電影裡，都應該見過這種「哭墓女」：就是受僱在葬禮裡哀哀哭泣的女子。這是他們的社會在面對死亡的時候同聲一悲的方式。

吉爾迦美什本人也以實際的肢體動作，發洩他的哀慟。他將他的華服撕碎、丟掉，「棄如敝屣」。但之後，他的哀慟更加深劇，擊垮了他。以肢體動作發洩情緒，是表達問題的一種實際、具體之道。以言語表達——也就是對人傾訴——於心理上的分化層次較高，可以說沒那麼「原始」；亦即這是表達情緒沒那麼粗糙、沒那麼質樸的方式。以心理發展的角度來看，言語表達需要比較高的意識層次和成熟程度，才有辦法做到。儘管如此，我們每一個人還是知道：盛怒之下砸東西，雖然有點「原始」，但是效果相當好。而身邊圍著一堆人當觀眾，隱隱有「演出」的意味，放在我們對孤獨的探索裡，可是有極大的意義。「原始人」（primitive man，也就是古代或是「前科學」prescientific文化裡的族群），可以堂而皇之在一群人面前表現他們的哀慟，藉著觀眾對他們哀痛欲絕的感覺和表現作同情的見證，而肯定他們的哀慟，認可他們的哀慟，為他們的哀慟加上份量和效力。一般而言，這樣的觀眾是現代人無福消受的。不過，所有的團體治療，不管是「匿名戒酒會」（Alcoholics Anonymous）的「接觸式團體治療」（encounter group），還是「恢復式團體治療」（recovery group）、「靈療團體」（spiritual healing group）等等，仰賴的全是團體激發出來的特殊能量；原因無他：就是對於在同情的他人面前實際演出的一切，給與肯定、共鳴、份量、效力以及重要性。所以，在此需要提一下：「演出」直到現今，還在一些宗教儀式裡佔有一席之地；有關這點我於後文會再談到。

到了悼亡的第二階段，吉爾迦美什轉向他的小宇宙的其他領域求援：向比較具體的神靈求援。這時，他看見了幾隻獅子，而這位原本一無所懼的勇士，突然怕了起來。他祈求神祇保護——月神「辛」（Sin），還有「女神當中最偉大者」（依這首史詩的說法）。之後，他馬上作了個夢：夢見一位武士，而他也把這當作是神祇傳給他的訊息。他因而決定以武士之姿，出發去尋找生死的意義。當一個人碰上所愛死亡，最常見的反應就是質疑生命的意義。於此，我們看見吉爾迦美什憑著他的信仰，而相信他找得到答案，相信神靈會保佑他，會傳遞予他訊息。吉爾迦美什並不是煢獨一人迷失在冷漠的天地之間；他心中的痛苦有減輕的一天，因為他在心裡知道：他找得到答案，神明會給他答案。

吉爾迦美什悼亡的第三階段，是一段精神脫殼之旅。一路上，他求見了幾位神明，想看看有哪位能回答他的生死問題。而他們見到他，全都問他何以形容枯槁至此。安吉度之死，教他備受打擊，以致整個人的樣子都變了。從史詩裡一再重覆的幾段照鏡子段落裡面，我們知道他現在雙頰凹陷、彎腰駝背、心境沈鬱、不思言語。憂傷深陷在他的靈魂裡面。詩中不論是外貌上的描述還是象徵上的比喻，全都反映出吉爾迦美什靈魂的狀態。而對這些人的問題，他次次的回答，在在反映他對安吉度之死最初的反應。他日夜痛哭，不准旁人埋葬安吉度的屍首，達六天七夜之久。他還說，自從安吉度死後，世事於他所見，全都如槁木死灰，所以，他就在那片大草原上「像個賊般」，四處遊蕩，到處尋找生靈。遠古的吉爾迦美什心中的痛苦，和今人碰上所愛逝去時的反應差不多。今人不也一樣嗎，會痛哭，會拒絕承認所愛死亡的事實，覺得了無生趣，懷疑人生有什麼意義。可是，吉爾迦美什的世界，還有一些東西能提供孤獨、痛苦的當事人一些慰藉。

不過，在吉爾迦美什那樣的文化裡，不管他的痛苦有多深，他覺得孤單、覺得遭到遺棄的感覺有多強烈，他的孤獨絕對無法和現代人相提並論：因為現代人在碰上失去所愛的時候，是真的覺得完全孤單，而且也真的是完全孤單。馬丁・布柏將古代文化的這種狀態，叫作「天下一家」（*Behaustheit*）③。放在我們談的內容裡面，我們可以叫這是古代的「吾孤不孤」（unsolitary solitude），或是「不孤之孤」（*accompanied solitude*）。在那個時期，一個人的整個群屬，甚至是他身處的自然世界，由於都是有靈的，都具有感同身受的能力，所以能夠和悼亡者同聲一悲，共同加入哀悼的行列。也就是說，那時的古人在心裡知道，他們周遭的一切都知道他心裡的痛苦，能夠體會他的痛苦，同情他的痛苦，也能給與他希望和安慰。神明世界當然也包括在內：他們可以向神明祈禱，神明也會有所回應，以夢或是其他形式的訊號，向他發出訊息。他們可以就這些訊息，找出所愛死亡而自然引發的人生如何安身立命的答案。我們可以說，這樣的小宇宙——個人所屬的群屬以及神靈世界——能夠滿足人類的一個重要心理功能：「掌握」（holding）的功能，或最好是「聯繫的功能」（connective function）。這功能，協助吉爾迦美什重建他內在瀕危的「聯繫」。

於此，最重要的是完整的群屬關係所能發揮的「聯繫功能」。這樣的世界，「無所不在」(omnipresence)，「無所不感」(omnisentience)——不妨這樣說吧，而且是以全然同情的角度來說的——以他為中心，環擁在他的周圍，讓他可以和他「大本我」(wider self)裡基本的層面有所聯繫。由於他知道他的痛苦大家都知道，大家都了解，所以他的痛苦乃得肯定為他該有的重要部份。他在群屬當中找到了共鳴，找到了肯定，原本可能將他撕裂的強烈情緒（如排山倒海般洶湧襲來），因之而得以重新聯繫到悼亡的當事人身上，進而再將當事人聯繫到他的「大本我」那裡去。這樣一來，他和他的感覺、和他的內在世界之間，就算有任何斷裂的現象，也因之而癒合。所以，吉爾迦美什這位悼亡大慟的人，因之而從原本可能會很孤絕的境地，重回他的群屬當中；他原本可能因此而和他的感覺一分為二，他原本可能和他自己、和他的世界就此疏離，也因此而解除。

我們不妨說吉爾迦美什的痛苦，雖然一定十分深鉅，但是，因為他和他的小宇宙當中的人、動物，還有人和大自然之間的關係，而使他的痛苦多少化解了一些。他們組成了一個關係網，托住了他，給與他保護和慰藉，為他的身分認同、自我價值建立起極為穩定的支架。除此之外，他的生活裡無所不在的神明，也隨時陪伴在他身旁。他隨時可以呼喚祂們，祂們也一定有所回應。**無處不是神靈的世界，提供他們希望，知道他們可以在這個看來了無意義的死亡經驗裡面，找到生命的意義。**

死亡與流放(二)

現代人的死亡文化

而如今，再也沒有多少群屬和宗教團體，能夠提供悼亡者這般的慰藉。不過，猶太教的儀式，雖然和世上大部份的傳統儀式、意義體系差不多，都已日薄西山，但還是多少提供了我們一個動人的範例，告訴我們社群可以怎樣表達他們對悼亡者的哀慟感同身受。而他們的儀式，和吉爾迦美什史詩裡的相似之處，也會教人大吃一驚。例如，死者的近親依習俗必須有「扯衣裂帛」的表示（和吉爾迦美什於哀慟之餘自然而然的舉動相同），所以，他們衣服的左袖，必須撕開一個小裂口，由此表示他們心中的悲慟和絕望。而要明白表示大家感同身受的悲慟的話，就必須有一些人集合起來，這樣，大家的表示才有意義：他們要求大家發揮感同身受的共鳴，而以具體的行動表現出來。所以，大家要集合起來，協助悼亡的人，特別是「席臥」（*shiva*，坐慰守喪）的儀式。「席臥」的儀式前後為時七天，於此期間，親朋好友紛紛來向悼亡者致唁，坐在他們身旁，婉言慰藉。至於人性自然會出現拒絕承認所愛死亡的反應，他們也予以某種明白的認可，所以，在他們的習俗裡，死者的墓碑須於死後一年方得豎起。再如悼亡者必然苦苦思索的生死意義之類的問題，猶太教也同樣接受，因而規定悼亡者必須及早回歸正常生活。猶太教可不准悼亡者在大草原上亂晃，尋找生靈什麼的，七天的「席臥」一過，就要重回正常生活。這也是他們的死者必須及早下葬的原因。而精神領域（spiritual realm），便是他們整個儀式的參考架構（frame of reference）。除此之外，他們還必須唸祈禱文，陪伴死者在天之靈，這在席臥期間必須不斷進行，之後的一整年裡則是定期進行。這樣的儀式，強調的是上帝無所不在，宗教的群屬無所不在。而悼亡者的日子，在席臥結束之後會特別難過，因為親朋好友都已離開，他們又得重新面對生活。

基督宗教同樣提供悼亡者慰藉：基督徒可望在死後和所愛重逢。所以，失去所愛、遭到遺棄的痛苦，時間不會太長：這份痛苦有窮盡之時。法國浪漫派詩人拉馬丁（Alphonse de Lamartine），就曾將基督徒悼亡之悲慟和希望，表達得相當動人；而十九世紀的基督徒，應該也是信仰堅定的教徒。不過，在此必須先就這位詩人及其所處的時代作些說明。浪漫時期的詩人，風行的是追求孤獨，刻意離群索居，遁入他們著名的「象牙塔」。這些詩人要的，不是合群的個人所組成的群屬（像我們在吉爾迦美什的遠古時代還有猶太教的儀式裡面看見的群屬），他們信奉的是和大自然神交的慰藉。所以囉，就在與世隔絕、風景如畫的大自然裡，他們遠離塵囂，獨自思索生死的問題，獨自向大自然尋求慰藉和性靈的昇華。大自然為他們提供了再適合不過的氤氳氛圍，供他們追尋性靈的超脫；其精髓在昇華，在慰藉。可是，在他寫的〈孤獨〉（*L'isolement*, *Solitude*）這首詩裡，拉馬丁在大自然裡卻找不到慰藉。這首詩寫於一八一九年八月，那時，詩人正處於生命特別艱困的時刻：他摯愛的愛薇爾（Elvire）逝世未滿一年，這首詩寫的就是他那時的感觸。他一如往常般坐在一處山麓的橡樹蔭裡，看著身邊的景致，在詩裡描述在他眼前推展開來的廣袤美景，進而回想起這片天地以前曾經如何教他癡迷。但如今，他說：

然而，這片甜美的景致，於我萬念俱灰的靈魂，
再也無法投下恬靜的魔咒，或是帶我心蕩神馳。
一如孤魂野鬼，我在這塵世漫漫遊蕩；
生命的陽光，再也無法溫暖死者。

他接下去寫的詩句，對於曾經身受摯愛死亡的人而言，讀了大部份應該都會心有戚戚焉：

我乃高呼，歡樂於我，永世不再！

雖然他覺得孤獨之至、無助之至，因此也永難再展歡顏，但是，拉馬丁還是找到了一樣重要的慰藉：死亡。這是因為他認為他可以在死亡裡面與他摯愛的愛薇爾重逢：

可是啊，或許在這片天空之外，另有
一片天地，有真正的陽光，照亮另一片天空；
在那裡，一旦我掙脫塵世枷鎖，
我長久以來的夢想，就會再度和我會合。④

死亡的念頭，特別是死後能到另一個世界，因而有希望和摯愛的人於「來世」再見，對凡是相信這點的人，都是無上的慰藉。

所以，從遠古巴比倫的史詩到猶太教的儀式，再到浪漫時期的思想，我們看到的幾個例子，說的都是宗教的信仰和習俗於面臨摯愛死亡的人身上帶來的慰藉。

如今，這份慰藉不復可得。**在理性主義高張、宗教懷疑論深重的年代裡，我們無力尋求眾神或是信仰的支持**。在社會結構崩解的年代，群屬內的支持未必是確鑿的事實。在大自然常被阻隔在我們遍地瀝青的城市之外、玄奧的意義全被掏空的年代裡，大自然既無法指點我們昇華之道，也無法給與我們超脫的暗示：大自然裡的山林河流，再也無法蒙上擬人的色彩，化作有靈的生命。所存者，就只有我們自己現在崇信的教規：知識、科學、醫藥。**在性靈匱乏的時候，在碰上死亡而覺得孤獨、無助、痛苦的時候，我們找的，常是醫生，而不是教士**；而由醫生為我們開立藥方，幫我們找到遠離痛苦的方法：他們開的藥，可以將我們承受不住的痛苦，予以減輕，甚至予以壓制。這就是我們現代人特有的理性「信仰體系」，每當我們有需要的時候，我們自然而然便轉向這套體系，尋找協助和慰藉。依此類推，我們會去參加討論生死學的研習班，聽有關生死學的演講，也是再自然不過的事了。我們到那裡去，為的是要就生死的問題，求得知性上的理解。我們於意識裡，希望能夠理解死亡是怎麼回事，我們因死亡而面臨的孤獨又是怎麼回事。但是，我們在無意識裡，其實是想將我們承受不住的恐懼和痛苦，以理性的解釋化解開來。所以，我們面對這個問題的方法，比較像是拉開距離：我們要嘛利用藥物，像包在棉花球裡一般，以藥物為緩衝；要嘛就是去給生死找個道理，這樣就可以給它貼上個標籤，而能封箱收存。可是，我老覺得現代人喜歡參加座談、演講什麼的，其實是另有需求：現代人一樣具有「傾吐」的原型需求，甚至可以說是「肢體演出」的需求。在座談、演講之類的場合裡面，等於是有個公開的場合，可以讓人傾吐內心裡痛苦的感受。現代人在座談和演講的場合裡，找到了他們前所不知、但是於本性裡原就很有興趣、也很有同情心的觀眾，能供他們傾吐自身的體驗。**現代人對著「完全陌生的人」**（我們愛用的說法），**可以掏出內心深處的感覺，侃侃而談，但面對手足卻開不了口，這情況著實教人稱奇。**

我們現代人的孤獨之苦，和完整文化裡的民族不同之處，就是在這裡。我們個個都是獨立自主的人，以不需要群屬為豪；可是，我們在碰上生命裡最根本的難題時，我們也是孤立無援的。生死的問題，以及死亡留給生者的痛苦，本就是人類共通的命運。即如莎德（Sadder）這位住在深海裡面的「沈金」（Schenkin）告訴吉爾迦美什的話，**「眾神於造人之際，就已經將死亡的命運分予眾人。」**所以，她指點他還是回到人間，好好享受人生吧。吉爾迦美什和他的神明之間的關係，以及和他有共同信仰的人之間的關係（也就是構成他的社會，同時也是他宗教群屬的那些人），無疑也是他集體取向（collectively oriented）的文化裡的一部份，彌補了他失去所愛的痛苦。吉爾迦美什在他的孤獨裡，得到了支撐和護持，因而能夠切實感受到他認同的那份價值觀和信仰的實體何在。「身分認同」是這裡的關鍵字。活在這樣的文化裡面，相信它的價值觀，認同這個文化和它的價值觀，絕對可以在我們個人和自己、和生命的聯繫，因失落、別離、孤獨而有斷裂之危的時候，幫助我們重建起來。當代人重視個人主義到執迷的地步，對自由意志、思想自由的堅持，和吉爾迦美什那一類的文化比起來，簡直是霄壤之別。**現代價值體系的負面，就在孤獨裡，緊纏著我們。**

死亡與流放㈢

孤絕是古代文化的一部份

另外還有一種孤絕的體驗，也是自洪荒以來便始終是人類縈懷不去的：因貶謫或是流放而生的孤絕。和親朋好友、熟悉的鄉土、文化乖隔兩地，於人心所引發的創痛，眾所周知是既深且鉅；所以，不論古人、今人，都喜歡以此作為嚴刑峻罰。遠古文獻裡的流放，泰半是將人驅離所屬的土地或是文化。聖經裡亞當和夏娃被逐出伊甸園的故事，便是「存在遺棄」（existential abandonment）的原型。而現代文獻裡說的流放，通常是另外一種：也就是將一個人和整個社會隔絕，作單獨監禁。在此，我們以兩份文獻為主：第一份的時代相當古老——約是三千年前；另一份的年代則是現代。

聖經裡摩西（Moses）的故事，說的就是一個人一次又一次因離別和流放，而引發的孤獨。摩西這位人物，是遠古文化和社群紐帶相當牢固的時代裡，流離失所的典型。他所處的社會—文化背景，和吉爾迦美什的時代差不多，同都要求群體裡的每一個人要甘心樂意接受群體、依賴群體；這群體，就是他們的集體架構。可是，這故事裡，一個人和他所屬的民族、他所屬的土地之間的源生關係（affiliation），對那時的希伯來人而言，卻是相當新異的。除此之外，這個故事在一開始，就蒙上了一層恐怖的色彩，而使摩西一生的事蹟益發哀婉、曲折。

摩西一生當中，歷經的分離、流放，其實共有四次；我們若將他在「應許之地」遙遙在望，卻未即踏上斯土即斷氣身亡這件事也算在內的話，那就是五次。第一次，就是大家耳熟能詳的：摩西一出生，就被迫和母親、家人、所屬的文化分離。依最原始的文獻⑤所記，摩西是在三個月大的時候，被他身為利未（Levi）族人的母親放在籃子裡，隨河水漂流。她這樣做，是要救兒子的命。因為根據埃及法老王的命令，希伯來人凡是生下男嬰，就要扔到河裡淹死。摩西一生中第一次的流離經歷——和生母分離——為時不長，因為，在他躺在籃子裡隨波逐流沒有多久，就被法老王的一位宮女發現，將他撿回去，送到法老王的女兒那裡。法老王的女兒知道，這個男嬰一定是希伯來人的孩子；幸好摩西的姊姊一路尾隨，將一切看在眼裡，緊跟到宮女將摩西交給法老王女兒的時候，摩西的姊姊趕緊上前，提議為這個男嬰找個希伯來保母。接著，她把摩西的母親找來當摩西的保母，而將摩西接回家中。我們無從得知摩西的母親照顧他有多久，但是，我們知道等到摩西一斷奶，摩西的母親就將他送回法老的女兒那裡，法老的女兒認他作自己的兒子，為他取了「Moshe」的名字，這個字源自*mosheetehu*，意思是「我撿到他」。她說，「是我將他從水（*hamayim*）裡撿回來的。」這是摩西第二回和他的母親、家人、文化分離，是他生平第二次流離，似乎也是他和母親的永別，因為，此後他的母親就再也未見提起。不過，摩西後來還是知道了自己的出身，而導致他之後數次流離。

摩西第三次流離，是他的第一次自願流離，因為他在長大成人之後，發現埃及這塊土地成了迫害他族人的國度，而迫使他逃離埃及。那次他看見一位埃及人殺害一個希伯來奴隸，一時氣憤，失手殺了那位埃及人，為了保命，他不得不火速逃往米甸（Midian）。這之後，他又回到埃及一次，但這次，他心裡懷抱著一個目的——要再離開埃及一次，這便是摩西第二次自願的流離，可是，是他一生中的第四次。而且，這一次帶有崇高的使命，因為他身負上帝的旨意，要帶領族人掙脫埃及的奴役，奔向「應許之地」。摩西的第五次，也是他一生中最後一次流離，頗有點亞當、夏娃被逐出伊甸園的味道，因為，這次是他觸怒了上帝，以致無法進入應許之地。而他最後的這次流離，在我們看來可能也是最慘痛的一次。不過，值得一提的是他一生顛沛流離，次次的描述始終不帶特別的情緒色彩。這麼古老的一份文獻，據信寫於B.J.C.E.十二世紀左右，以不帶情緒色彩、看來無關乎心理狀態的筆調，述說摩西數次和家人、親友、文化、家鄉乖隔的經歷。不過，我們還是可以由一件事看出來，這個叫作摩西的人內心何其痛苦。摩西在殺人逃到米甸之後，娶了一位名叫齊波拉（Zipporah）的女子為妻，生了一個兒子，摩西為兒子取名為葛琛（Gershom），他說他之所以為兒子取這個名字，是因為我「獨在異鄉為異客」。作父親的，必定因為「獨在異鄉為異客」而苦，才會以之為他的長子命名。而他這「獨在異鄉為異客」的處境，必須放在當時的時代和文化裡，才能有更進一步的了解。我們大可推定，流亡的滋味必定很不舒服、很不愉快，這在現在也一樣。流亡另也是相當危險的，因為沒有人知道異鄉是否歡迎異客；異客的身上，向來都會蒙上一層陰影（我們這個現代社會在這方面倒是和古代無分軒輊）。所以，成為難民，等於是把自己放到不可知的處境裡去：前途可能滿布荊棘、危機重重。我們若是設身處地，站在摩西的立場為他想一想的話，就可以知道他流離失所的處境必定痛苦不堪。他以異族之身，長成於異族之家，這異族之家，甚至視其族人為寇讎。他遭生身母親遺棄，而且不只一次，是兩次；一次在三個月大的時候，一次在斷奶的時候。摩西一生便是一次又一次的重覆出生以來便身負的失根命運。但他第四次的流離，情況有所不同，他一來有族人相伴，一來還是族人的領袖，所以，可以看作是他生命伊始便流離失所的命運的重要補償吧。

而在此，我們發現摩西屢經他命中注定的「存在之孤獨」折磨，卻次次可以捱過來的關鍵：就是他和他的族人、他的上帝之間，具有深厚的感情。摩西一生顯然一直靠他內心裡那股堅毅不拔、根深柢固的使命感，支撐著他，護持著他。這股使命感，讓他心裡得以萌生安全感、價值感，因而建立起自己牢固的身分認同和自尊。就是憑著這份支持，他才能一次又一次甘冒性命危險，為族人、為他的上帝，扛起領導的重任。他之所以膽敢刺殺埃及人，膽敢冒犯法老，膽敢領導族人離開埃及，膽敢帶領族人在西奈沙漠裡流浪四十年，在在都是因為這份使命感是他生命之所由生的起點。這份使命感，補償了他生長於法老宮廷裡那份至深的孤絕。只可歎，這份使命感，竟也是他第五次流離的原因：這次流離，我叫作「見棄於應許之地境外」。那時，摩西對於族人在沙漠裡呼求飲水的狂亂，失望已極，以致情緒失控，憤而打碎他明知內含飲水的石頭。上帝因此懲罰他，不讓他進入以色列土地，一享苦盡甘來、夙願得償之樂：他就死在應許之地遙遙在望之時，卻無從進入。從心理學的角度來看，摩西的憤怒還有什麼不好了解的嗎？這全是因為他的族人對他絕頂重要的緣故。若不是他們對他這麼重要，他何必這麼失望，這麼生氣呢？只是，上帝對於祂「不得使用暴力」的誡規，是毫不通融的。

摩西若是得以進入應許之地，他這一生，就可以和他的祖國、和他的血緣，有最終的、完全的回歸和復合。可是，他生來注定要擔負失根命運，次次被命運投入異鄉人的角色裡，既沒有母親，也沒有祖國，似乎將他推到萬劫不復的孤絕深淵裡去。可是，摩西憑他精神上和社群上的使命感，為自己找到了一個圓滿的生命定位。由於他在內心裡覺得和族人是一體的，所以，他於精神上是隸屬於一個社群和宗教群屬的。而這份歸屬感，讓他萌生強烈的信心，知道他不是孤單一人，不是斥逐之人。所以，儘管他一次又一次和親人分離，儘管他覺得自己「獨在異鄉為異客」，他也從來未曾進退失據。從深層心理學的角度來看，我們可以這樣描述摩西這位「案主」：出生未久便和母親分離，成長於異國文化當中；這樣的背景是極教人惶惑的。所以，他積極投入社群和政治，扛起重任，以為補償。這份使命感，讓他於內心裡、於外在世界裡，都能覺得自在。我們可以說，透過這份使命感，他為自己找到了家，因此得以免除他生命裡這份「存在之孤獨」一定會為他帶來的嚴重困擾。

古代的社會──精神小宇宙裡的聯繫功能

在接下去談比較近代的孤獨例子之前，我想要先就這兩份古代的文獻作一小結。這兩份文獻所屬的歷史時代，都是社群對個人無比重要的時代。個人的一切，在在深植於社群裡面，和社群幾乎不可須臾或離；一旦和社群分離，就可能會有危險──甚至是身體上的危險。如在吉爾迦美什的例子裡，當一個人因為所愛死亡而覺得孤獨的時候，他其實根本未曾完全孤獨過：隸屬於一個社群和精神群屬的感覺之強，使得群屬甚至會加強一個人和自己、和外在的所有生命、和外在的世界的關係而更形鞏固。摩西先是被迫失根離群，後來重新尋回自己所屬，而且將自己、將自己的一生，全都奉獻給他的族人，而在他的族人情勢最為危殆的時候，挺身而出，領導他們，成為他們的英雄，他們的鬥士，而且信心永不動搖。其實，說穿了，摩西若是沒有他的族人，根本等於不存在：一且他誓言領導族人離開埃及，他的生命就和他們合而為一，無此即無彼。摩西的一生，是為他的族人而活的，在在和他族人的命運息息相關，他一生的事蹟，也是要靠他的族人來成就的。我們現在應該可以了解，摩西的存在意義和他的族人之間的關係，緊密到了什麼樣的程度。

由吉爾迦美什和摩西的故事，我們可以知道：**孤絕絕對也是古代文化的一部份**。但古人的孤絕，是一種比較上的孤絕，可以由當事人周圍的社群馬上抵銷。我們可以今天的「共生家庭」(symbiotic family)，來想像古人生存的情境。在共生家庭裡面，當成人子女因為孩子離家、或是配偶死亡，而面臨孤獨的處境時，整個家族都會感覺到他的痛苦，而會半自動的去塡補那個空洞。家族的成員，全都會自動自發的協助當事人。這樣的一個群屬，當然就可以為當事人帶來慰藉。但是，當代人也會覺得，群屬這種自動自發的反應，也是一種干涉，甚至是亂管閒事。這樣的反應，是現代人和現代人的心理發展情境裡，才比較容易出現的，因為，現代人強調獨立自主，強調個人主義。古代的人，就比較不會覺得家人或是群屬趕來幫忙是一種干涉；那對他們原本就是自然而然的事，是再正常不過的事，甚至是所有的當事人期待的事。

「無所不在」、「無所不感」的群屬（自然也包括當今的共生家庭或是群屬）的另一面，是身在這樣的群屬裡面，你必須順服於群屬，甚至群屬也會要求你順服。只要一個人服從群屬，他的身分、他的正規地位和價值，才有保障——這時，也就根本沒有和自己疏離、和群屬疏離的問題。例如，現在還住在小農村裡的人，對這一點絕對有得說的：只要你乖乖聽話，讚許和支持就會接踵而來。可是，你絕對不可以對教會、對學校裡備受愛戴的老師，或對廣受歡迎的市長，有任何不同的意見。在這樣的社群裡面，個人的意見幾乎沒有容身之地。就這一點來看，這樣的群屬真的對個人的發展有所妨礙。

死亡與流放(五)

現代的流放和單獨監禁

流放在今天，還是當權者用來管束人的方法。到了二十世紀末，遭自己國家流放已經相當少見。不過，在沒多久以前，這還是屢見不鮮的事實，我們應該都記得猶太人及政治異議人士，為了遠離納粹魔掌，而自願大舉流亡。羅伯・穆瑟（Robert Musil）便是當時流亡到瑞士的人士之一，他的流亡之苦，從下文可窺知一二。一九四二年的一月二十日，就是他過世前的三個月，他說流亡之苦，就像一隻牛堅硬的角被人硬生生挖掉，而塞進玉米般痛苦難當。他說：

> 想像有隻牛，原來長著堅硬犄角的地方，現在突然間長出了教人痛苦難當的玉米。這個怪物——它怪里怪氣的額頭，以前可是揮舞著靈活的雙臂的——就是流亡之人。⑥

至於監禁式的流放，甚至是單獨監禁式的流放，在現今還是各地犯下重罪的人每每會碰上的事。這種懲罰特別值得一提的是：「監禁」這事一定特別痛苦，要不就是大家認為應該特別痛苦，否則不會古往今來無處不見這種刑罰。有許多記載這類孤獨處境的文獻，流傳到現在。我們可以舉亞瑟•寇斯勒(Arthur Koestler)寫的《正午的黑暗》(*Darkness at Noon*)，和奧里亞納•法拉齊 (Oriana Fallaci) 寫的《孤獨一人》(*A Man*) 兩本書為例。⑦這兩本小說，說的都是主人翁因為政治信念、政治活動的緣故，而遭單獨監禁。書中的人物也都亟力以培養關係的方式，避免自己陷入孤絕的恐懼。寇斯勒小說裡的主角，魯巴秀夫（Rubashov），大部份的力氣都用在注意他的牙痛、還有回味他以前的政治生涯。他將自己和過去、和牙痛建立起這樣的聯繫，而幫他維持他和這個世界的「關係」。他的回憶、他的感覺，讓他不至於忘了自己是誰，讓他可以重建他和自我、他和生命的關係；這關係因為他入獄差一點就要崩潰了。就是這些，讓他覺得他和自我之間還是有關係的，讓他知道自己是誰，一如吉爾迦美什的夢和摩西對族人的使命感所發揮的作用一般。

奧里亞納．法拉齊說的故事，則是另一位政治犯，阿列柯斯．帕納果利斯（Alekos Panagoulis），和一隻蟲之間一段極為短暫、卻極其強烈的關係；由這段關係，可以了解些許「覺得和世界相關」到底是什麼意思。這個例子，對我們思索人和動物的關係以及一般的關係，特別有價值。我們在字裡行間，可以發現我們說我們覺得自己無關緊要、覺得孤單的時候，到底是什麼意思。

帕納果利斯在小說裡，試盡了各式各樣的方法，想要減輕他在漫長的幽囚時光裡的痛苦：讀書、學外語等等。我們可以說他用的方法是和文化建立起關係，或說是和他自己的大腦建立起關係。後來，有天，他在囚房裡看見一隻蟲，結果，他整個人的心智狀態、他的情緒，都因此而出現鉅變：生命於他，又開始值得活下去了。帕納果利斯重又覺得自己和自我、和他的生命之間，又產生了積極的關聯。不過，我們還是讓帕納果利斯自己說出他的感覺吧。當他看見那隻蟲的時候，馬上把那隻蟲叫了過來。他輕輕拍了拍那隻蟲，心裡一直在想，他這個「伴兒」不知能陪他多久：一隻蟲可以活多久呢？而他又能活多久呢？他還想起小時候曾經想要馴服一隻金龜子的事。在那一時片刻之間，他極珍惜有個人可以說說話，而這個人還是不會亂罵他的人。他決定給這隻蟲取個名字，「薩爾瓦多．達利」(Salvador Dali)，因為牠也有兩根翹翹的觸鬚。而他也在心裡對達利傾訴心中從不對人吐露的事：他其實怕得很。這時，我們看見這隻蟲不只是變成了個人，牠甚至化作聆聽告解的神父，或者是一個可以推心置腹的知交。這隻小之又小，而且放在別的情境裡可以說是一無是處的「害蟲」，在這位幽囚的犯人心目當中，化成了人，或者說是化成了某種有生命、有同情心的物體，可以讓他將他整個人最隱密的想法，尤其是他內心裡的恐懼，和盤托出。這樣的想像，驀地將帕納果利斯又扔進另一種心境裡去：他開始思索這隻小蟲出現，帶給他這段友誼，對他造成了怎樣的影響：

突然之間，……就因為這隻在別的時候只會教人覺得討厭的小東西，你發現你還想活下去，而且，你也可以在一間九步乘七步見方的囚室裡，活得下去。

而且，不只是他開始想像他又可以活得下去了，他甚至還開始因為有這樣的想法，而有了欣悅的感覺。他說：

你需要的，就只是一張行軍床，一張小桌子，一張椅子，一個抽水馬桶，還有一隻蟑螂。或許再加幾本書，幾張紙，一兩隻鉛筆吧。

但是這段舉世無雙的情誼，卻以殘酷的結局告終：有個警衛進入帕納果利斯的牢房，帕納果利斯警告他不要踩到達利，但是警衛一伸腳就把達利踩死。帕納果利斯一時覺得像是自己被活活踩死一般。那隻小蟲於他已經等於是個人了：他想像牠尖聲叫痛，就好像「有手有腳的人」被活活殺了一般，「直將你的孤絕，整個拉到你的面前。」⑧

一想到這裡，「他就覺得血脈賁張」，所以，帕納果利斯於激憤之餘，衝上前去，抓住那個犯下謀殺大罪的警衛劈頭就打，結果是把所有的警衛全引進了他的牢房。這件事情的後果，就是他單獨囚禁的條件更加嚴格：沒有信，沒有紙，沒有筆，沒有書，日夜都得戴著手銬。這位孤獨的囚犯對新交的朋友遭到不幸，怒急攻心的反應，卻反而把他帶入了更深的孤絕裡去。

覺得和世界相關，或是孤立，到底是什麼意思呢？

這段人類和一隻小蟲短暫卻熾熱的友誼，讓我們一窺「覺得和世界相關」，還有找不到這種感覺——也就是孤絕——到底是什麼意思。所謂覺得和世界相關，是指覺得和別人有共鳴式的關係。這表示我們或是在想像裡、或是在感覺裡、或是在心裡，約略有個印象，知道有人是站在自己這邊的，是同情自己的。而這個「別人」，於我們心目中，是個滿懷同情心、願意聆聽的人，願意接納、也願意了解我們祕密的意願和想法，隨時都了解我們感情上的痛苦。如帕納果利斯就在心裡，對著這隻小蟲訴說他的恐懼。

可是，同理心的關係是雙向的事。這本小說說得相當清楚，我們之所以需要「同情的他人」，是因為我們也需要有個地方，可以讓我們投注我們的正面感情：我們也需要有些「外物」，讓我們投注肯定、讚賞、同情等感情，這樣的需要，說不定和我們需要這樣的感情一樣重要。帕納果利斯將那隻小蟲視同自己，想像牠身受的苦痛在自己身上會是怎麼。這便是同理心的關係裡大家比較少講到的另一面：這「外物」成了我們感情投注的對象。而我覺得這是相當重要的一點。這表示我們有關別人、有關和這位「正面他人」(positive other) 的默契的「正面想像」(positive fantasies)，也是我們內心最深處對關係的渴望的一部份。當我們找到合適的對象可以投注這些想像的時候，我們就覺得和自我、和生命有了關聯，即使那時我們是在最艱困的情境下亦然。這時，生命就值得一活。我們大可以相當平淡，以「沒什麼大不了」的口氣，說這個我們覺得相關的人，只是我們的投射屏 (projection screen)。我們因而有個地方可以投注我們需要感受的那些正面情緒。(可是，我們在別人身上看到的，其實只是我們需要看到的、和我們看得到的東西。我們每一個人或許多少還需要另一個投射屏，供我們投射負面的感覺和想像，供我們涉入難堪的關係。這樣，我們就有辦法去感覺，甚至去表達我們自身裡比較難堪的部份、比較負面的情緒。) 當我們沒有地方可以供我們一逞正面的想像時，我們可能因之而生趣全無。我們會因之而失去和我們內在最深處的聯繫：內心裡浮動著深沈的孤絕，其狀態和死亡差不多。將這些比喻約略混合起來，我們可以說：當我們覺得和世界相關的時候，才有可能得到共鳴，而生命裡若找不到一絲一毫的共鳴，就無法覺得自己是完整的人。

由帕納果利斯的例子，另外也讓我們了解動物於人類有多重要。科學研究已經證明這在手術後的治療程序裡，已是不爭的事實。美國的醫院若是讓進行過大手術的病人，在手術過後拍拍家裡養的寵物，這樣的病人復元得要快得多。我們另也知道，當今有許多老人若不是因為養寵物的關係——貓啊、狗啊，或者是小鳥——他們的日子會十分孤寂。他們在鍾愛的寵物身上賦予了人的個性，投注了大量的愛。我們現在應該可以了解，這樣的關係於當事人身上，可能形如他和自我之間的生命線，為他帶來生命的樂趣。青春期的少年同樣也常將大量的精力用在動物身上，不論是家裡養的狗或是貓、馬，甚至流浪動物都好。兒童於人際關係特別害羞、或是特別笨拙的時期，若是透過和動物的關係，可以幫助他們培養和自我的關係。大家都應該聽過這類故事，只是有點偏向病態了：就是有些孤僻的怪物不與人交，但是和動物的關係卻特別親密。由這些例子，我們可以知道「覺得和世界相關」有多重要，還有覺得於某一個人有關係，到底有什麼意義，就算這份關係的對象是動物也罷。由此我們可以推論，孤絕之所以這麼痛苦，就是因為缺乏這個投射屏，缺乏一個想像和感情投注的對象；這些想像和感情，有許多都是繞著傾吐、關懷、了解、同情、默契、接納打轉的。我們需要有一個地方，讓我們投注我們正面的感情，我們同樣也需要有一個地方，讓我們可以想像別人對我們投注以同情。

帕納果利斯和那隻小蟲的關係，正是今日的寫照。這份關係是現代生活的一大特色，個人的小我，和（社會—精神群屬的）大我之間的紐帶，就像我們在吉爾迦美什和摩西身上看到的紐帶一般，在當今並不存在。這紐帶，可以彌補一個人在孤絕之時湧現的絕望。可是，當今的情況和以往大不相同：我們每一個人都得自己去尋找在當下可以給我們帶來慰藉的關係。這可能是和一群朋友的關係，可能是和一隻動物的關係，或甚至是和一部電腦的關係。我們等一下就會看到，對當今的人而言，有件事至關重要：一個人早年相關的正面經驗的「內化」（internalization）。我們就是因為這，才有辦法和人建立關係。只是，這樣的經驗一般人不巧都相當欠缺。

當代的孤獨問題泛濫成災

我們當今的處境，和祖先大不相同。當今沒幾個人相信有神靈世界存在，有許多人過的日子形如「獨在異鄉為異客」。現代的天庭，空空如也；現代的自然，遠被我們斥逐在城市之外，萬物同感的大自然（commiserating nature），於許多人也形如槁木死灰。以致孤獨於當今成為眾所關切的課題；這是前所未見的現象。而且，可以想見這個情況於將來只會變本加厲，引發更多的絕望，逼得更多人走投無路，出現拼死之舉。孤寂於當今，對人類的危害遠大於以往任何時候，因為，當今的孤寂遠甚於以往。

可是這個課題，到目前為止，主要還是和老年人聯在一起。然而，老年人不是當今唯一受到孤寂荼毒的人。可是，談老年人的孤獨，沒什麼不可以的——沒什麼好尷尬的。老年人在我們的世界裡，等於不存在；他們既不存在於我們勾劃的人類圖像裡面，也不會出現在真實的生活情境裡面。年輕，是我們這時代最主要的形象。有關老年的任何正面特質——像是生命累積的智慧、權謀等等——全都是古代的歷史。一般人只要一退出了工作行列，就好像也被逐出了社會。現代城市裡的生活條件，加上居住空間一般都很狹隘，在在使得老年人不易融入這個環境。總而言之：就是一般的家庭不再有多餘的空間可以容納老一輩的人。這個問題，當然也包括了心理的面相在內。一來，大家大聲宣揚自己的個性，依照自己的個性去過日子，這通常就表示獨居，要不至少也是核心家庭的型態。二來，如影隨形的老邁問題，卻又是我們百般要否定的事實；以致，我們想盡辦法要將有關老邁的一切排除在外，眼不見為淨最好。把有關老邁的一切丟得一乾二淨，就好像可以給自己製造出一個幻象，好像自己永遠不會有雞皮鶴髮的時候，永遠不會有老病侵尋的時候。在這方面，也像是一種充滿弔詭的孤獨：因為老年人常被摒棄在社會之外，孤苦伶仃，所以，我們要將他們關在社會之外。而我們這樣一關，也就把我們無法接受的孤寂關在社會之外了；只是，反而為老年人製造出更大的孤寂。

在此我要將現代的孤獨裡的一個面向，作比較詳細的說明：即因人口組成的變化而衍生的孤獨。**二十世紀因人口組成的變化，以致出現整批人口大舉流亡或是孤立的情形，進而使當代的孤獨問題泛濫成災。**當今的城市缺乏空間，只是促成這種發展的一端。社會基本面的變化，全世界大批人口都包括在內。至少從十九世紀末起，就不乏人口因經濟凋敝、政治迫害而大舉遷徙，逃離自己的鄉土；而經濟凋敝和政治迫害這兩個因素，通常是焦不離孟、孟不離焦。除此之外，到了較晚近的時候，還出現了流離失所的游民潮：在現代城市裡面，有為數驚人的貧民，雖然不願住在街頭（和他們之前那些為數不多的浪人不同），卻不得不流落街頭，餐風露宿。他們因為經濟問題失去了住屋，在被掃地出門之後，只得在街頭巷尾仰賴旁人的施捨存活下去。一想到長此以往不知會成何局面，就不禁會打個寒顫。**無家可歸的游民和遷徙人口給現代社會帶來的，是龐大的失根人口**；這些人和社會、文化群屬之間，沒有任何紐帶，他們身在該群屬裡面，全都是因緣際會而已。他們的困境，日後必定會成為嚴重的問題。

這些被拔除了熟悉的（家庭和習慣上的）環境，流離失所的人，群集在城市當中，其實早從十九世紀末就開始了。工業時代一開展開來，就引發了第一波的移民潮，大批人口如潮水般湧入城市，尋找改善經濟條件的機會。但是，這第一批工業界的工作人口，一離開了他們鄉村的家之後，也等於是切斷了他們和群屬（家人、朋友、鄰里——等於是他的整個社交網絡）之間的紐帶，而投入另一個價值體系裡去（一種同質的、可靠的文化和宗教背景）。

城市工作人口VS.部落懷抱

我們可以從畫家德嘉（Degas）畫的《燙衣女》（*Ironing Woman*）（圖1，見本書二六一頁）裡面，勾劃出城市裡的孤寂先前是何情境。我們在畫中看見的是一位典型的城市居民。她為了餬口，工作起來還算賣力，但是對她做的這份工作，對她的雇主，對她因這份工作的機緣所服務到的人，沒有多少情感上的依戀。對工作擁有一份「情感」，這樣的說法放在今天，聽來還有些怪。這到底是什麼意思呢？將城市的工作人口對工作缺乏聯繫這件事，和我說的生活在「部落懷抱」（tribal lap）的情況，作一比對，對這句話的意思，就會有比較透澈的了解。部落裡的人若要打造一艘獨木舟，用的方法絕對是依照相傳的古法，按部就班來做——他用的方法，極可能就是他的父親教他的方法，而他父親教他的方法，極可能就是他父親的父親教他的方法……依此類推，可以一路往上推到好幾代去。而打造獨木舟這件大事的意義和重要性，對於當事人也是十分清楚。這件事不只是明明白白一件有使命、有意義的事——這是件工作——這也是件神聖的事，或說是多少賦予了神聖意味的事。在造獨木舟的時候，或是在獨木舟造好要奉獻給神明的時候，他必須唸祈禱文。這樣，工作，對我們「原始」部落的祖先而言，是放在一個有意義的社會和宗教架構裡進行的。工作，於他們是傳統的一部份，於當事人和他自覺歸屬的那個團體，都具有確切的意義。

相較之下，德嘉的《燙衣女》正在燙的衣服，極可能是個她根本不認識或從來沒見過的人的衣服。她的精神紐帶——假如她有的話——隸屬的是完全不同的世界。這個世界和她的工作是分立的，和她的工作一點也沒有關係。她若有幸在安息日得以休息，她才可以去追尋她那份精神歸屬。除此之外，她的燙衣技術，未必需要靠她母親傳授，她做的這份工作於她個人的生活或是她的群屬，也顯然不具深一點的歷史背景。她做這份工作，純粹是為了賺錢謀生。她這工作就算帶有任何意義，也是在物質的報酬上面。除此之外，這份工作就再也沒有任何感情上的關係了。這份工作不會為這位女子的感情或是價值觀，提供任何投射屏。這份工作不會鞏固她和自我的聯繫，在這方面，這工作連狗都不如。這工作不會讓她覺得在她的實存狀態裡找到了下錨的地方，或是和她內在裡基底的部份接上了頭。

這就是現代城市裡的居民和工作人口的處境。缺乏有關係的感覺——和一群人及這群人所代表的價值觀有關係的感覺——便是我們這時代的社會—文化背景的基調。**我們原先和大自然斷掉的聯繫，到了二十世紀的下半葉時益發嚴重，而且漸漸換成了對大自然遭人類以產業工具和進步競爭荼毒的關切。我們現在對普世的生靈和工作，對這些我們幾乎一無所知的人和事，沒有無所不在的神祇督促，卻甘心樂意投注以默默的關懷，彌補了我們這人世裡像瘟疫般蔓延的孤獨。可是，這也使我們的孤獨更加無助。從親人、朋友、大自然或是眾神那裡，我們都找不到慰藉。**這樣的情境，已經是大家心知肚明的事，毋須在此贅述。

一次又一次的失根經歷

現代人的失根現象和人際關係的替代樂趣

在這裡或許必須再多提一種現象，雖然這現象以美國較為常見。在美國，即使是在城市之內，生命裡三番兩次遭連根拔起是相當普遍的事。城市人口不只是在城市之間搬來搬去，還在社區之間搬來搬去；只要所住的社區，非裔、西班牙裔、猶太裔、亞裔，或者是其他移民人口愈來愈多，出現了凌駕之勢，可以搬家的人就會紛紛離此他去。就這樣，整戶人家一次又一次搬離他們習慣的環境，拋下他們熟悉的群屬，甚至是對他們相當重要的群屬。他們已經建立起相關的關係，甚至是已經認同的社會，就這樣必須換新。這樣常會引發嚴重的問題，尤其是在小孩子，因為他們老是要轉學，老是要找新的朋友，老是要當個外來客。當個「外來客」，表示打不進圈子裡去，表示孤單、寂寞。小小年紀，就被扔到這樣的情境裡去，於孩子的心理會形成極大的壓力，對孩子其實是莫大的煎熬，甚至會導致情緒不穩。

不過，現代的研究也發現，孩子通常可以相當快的速度，從這樣的經驗當中恢復過來。⑨而且——插一句話——外來客的身分，其實有助於一個人學會接納外來客，而可以降低一個人排斥社會裡外來成分的傾向。有過這樣經驗的人，比較不會對外來的移民族群，出現殘酷或甚至暴力的行為。歐洲城市裡正是因為欠缺這樣的模範經驗，以致對難民、外來勞工以及少數族群，容易暴力相向。在那些施暴者的生活情境裡，找不到這類的經驗認同。只是，美國的孩子雖然從生命的經驗裡，學會了接納外來客，但是，一次又一次失根的經歷，卻也常將他們在心理上變成了「異鄉裡的異客」。

蟄居家中的家庭主婦，在搬遷的失根經歷裡，蒙受的痛苦其實比誰都要大。這些婦女沒有體制類的機會，可以協助她們在新環境裡認識新的朋友。她們在面對孤獨的時候，唯一強過她們孩子的地方，就是她們的年紀。這是說她們比較成熟，可以用比較合宜的方法去處理這方面的壓力，因而，這於母親情緒上的影響未必會大於孩子。不過，還是有婦女因為這樣的壓力而崩潰：長時間獨處家中，會讓她們覺得孤獨無助，而可能轉向酒精尋求解脫。婦女酗酒的統計數字，迄今已經一路上升有一段時間了。

酗酒只是現代人於孤獨之餘，找得到的一樣替代品而已。不只是在美國，你在全球的文明世界裡面，全都找得到類似的補償行為，好讓孤單寂寞的人找到一絲家的感覺，一絲慰藉，一絲有人為伴的感覺。看電視，看錄影帶，聽收音機，玩電玩，嗑藥，酗酒，甚至逛街，或是讓自己忙得要死，都是孤單寂寞的人藉以抑止痛苦的方式。這些事，可以讓他們將孤獨帶來的沒有價值、沒有意義的感覺，予以麻痺。**尤其是年輕人，犯罪率之所以一路上揚，是因為他們以之打發身處城市的孤獨。「幫派」，能夠提供一份歸屬感：他們以非法行徑，利用相同的價值觀，將大家凝聚成同儕團體，共同對抗「非我族類」**。而對於沒有群屬感、沒有共同價值觀的人，他們就特別容易施以非法的罪行：以致受害者常常「碰巧是」加害人的鄰居。

缺乏社群的群屬，另也表示沒有地方可以供大家聚會。這種情況也導致整個產業界忙不迭的要賣樂子給那些孤單寂寞的人。「交友中心」四處林立：有靠信件交友的，也有靠照片、靠報紙廣告、靠電腦交友的。各種性產業一路扶搖直上，不論是從第三世界輸入的賣春女，還是應召女郎、伴遊女郎，讓各處春色無邊。儘管社群不再，大家需要有人作伴的渴望，依然。孤獨者的性需求，不因孤獨而消失，依然需要滿足，免得引發古代的獵巫潮，而以女巫居心叵測，特別是女巫擁有的破壞力，作為指控女巫的罪名；而那些不幸女子蒙上的罪名，其實也是指控者內心祕密的想望。

愛德華・霍普（Edward Hopper）（圖2，見本書二六三頁）畫的美國城市風情畫，常為人看作是準確描繪出了都會特具的孤獨。不過，依照畫家自己的說法，他畫中環擁在孤獨人影周遭的冷冷光芒，其實更像是要複製出某種光來。只是，怪的是我們對於城市生活所勾劃出來的意象，雖然反應這麼強烈，但我們還是不太相信畫家的觀點。我們對於現代生活所勾劃的意象，是距離，是孤立，是個人主義，是孤獨。霍普也像是特別偏愛這類主題——他畫裡的人個個都是孤獨一人，要不至少也是彼此之間隔得相當遠，而且通常身處在城市的背景裡面：就是要這樣的人物，他才會放進他特別喜歡在畫中畫的那種燈光裡。可是我們都知道，這樣的城市生活實在太黑暗，實在太陰冷。當今還是有許多城市，或是城市裡的社區，不常出現暴力犯罪。只是城市裡的暴力犯罪有一大主因，當然就是人與人之間缺乏群屬的感覺，缺乏共同的價值觀。

而我認為人類未來唯一的希望，就在重建群屬的感情和精神。美國於十九世紀末的情況，告訴我們那時的移民緊緊抓住他們的宗教習俗和信仰不放到了什麼程度。就是靠這樣的堅持，才彌補了城市裡的失根族群，支持他們面對社會結構崩潰、孤獨無助的感覺。不過，城市是孤獨體驗的「絕佳處所」，只是現代生活的一個抽離的切面。

「孤單社會」正在逐漸壯大

自戀狂：社會結構崩潰以及自我缺乏聯繫

社會結構崩潰，似乎是隨著文明的進展以及個人心理的發展，而出現的發展階段。這個階段和個人主義的勃興，是齊頭並進的演變，而且，其本身似乎就容不下堅固、可靠的社會結構。當今獨居的人口之多，已達前所未有的地步。家庭體系隳壞，大批人口選擇不婚，或是分居，大家都在考慮分手，考慮離婚。人稱**「孤單社會」，正在逐漸壯大**。大家庭（延展式家庭，extended family），成為歷史陳跡久矣，可是，現在就連核心家庭也日漸岌岌不保，因為單親家庭現在也愈來愈普遍。假如，就像我們在過去的例子裡看到的一般，社會—精神上的小宇宙，確實會為它所屬的成員提供了一份聯繫的功能，那麼，在這個小宇宙不再存在的時候，這份聯繫的功能，要靠什麼來體現呢？這答案，泰半就是這功能根本沒有機會體現出來，或是體現得相當差。**社會結構崩壞，似乎正是我們這

時代自戀猖獗的原因，要不至少也是原因之一。自戀，或說是自尊心不穩固好了，似乎是衍生自心理上的「匱乏」。自尊心低落的人，通常會說他們覺得自己的心裡好像有個「大洞」。他們對於自己是誰，對於生命的意義，對於別人對自己的了解，始終覺得少了些什麼；他們覺得孤單，覺得遭世人摒棄，覺得沒人愛他，覺得大家都誤會他，覺得大家都不注意他，覺得大家都不聽他說話。也難怪這樣的人會特別在意別人的批評，老是要別人肯定他的價值，而且怎樣也無法滿足。他們的心中沒有一份確實的「自我認知」（sense of self，這種自我認知好像是古代的產物），有的反而是拼命想要有所表現，好向自己、向別人證明自己的價值。可是這個惡性循環，就是從這裡開始的：心裡只在意自己的價值，是沒有餘力對別人付出同情的（其實也無力對自己付出同情），結果只是使得自己缺乏支持的社會結構，使自己缺乏穩定的人際關係以提升自我的認知，因而再度受到摧殘。而且，這個問題是會代代相傳的。

現在回想起來，大家庭似乎正可以提供多重的可靠關係。所以，那些活在大家庭裡的人，可以想像應該是比較不容易碰上孤獨的。他們當然比較不容易碰上實體的孤獨——但從另一個角度來看，他們能「享有的隱私」，其實也比較少——但是，他們因身邊的人對他們的關愛不夠，內在承受的孤獨之苦，我相信絕對不下於現代。大家庭的好處，在於比較容易從家裡眾多的人際關係裡，找到至少一份或少數幾份關係，讓當事人覺得有人了解他，有人支持他。

從這樣的角度來談大家庭，讓我想起了以前有位病人。他出自農村裡的一個龐大家族，這個家族的庭訓，就是「工作、工作、再工作」，此外容不下其他：在他們的家庭裡，沒有人把任何一個人的感情當一回事看。家庭裡的生活秩序，完全是就事來安排，幾乎不把家人的感情考慮進去。例如，我的病人兩歲大的時候，因為母親忙著照顧新生的孩子，所以每晚都把他送到隔壁親戚家和親戚一起睡。這表示他每晚都會被硬生生從溫暖的家中拖走，送到他不喜歡的親戚家中，由他不喜歡的親戚送他上床，直到第二天中午，才再回到父母的家中。他當然極力抗議，但我這位病人，找不到有哪一個人願意傾聽、願意了解的，以致他長大以後，成了一個非常畏縮的人，始終無法肯定自我的價值；他似乎從來就沒得到過能讓他建立穩定自尊心的基礎，而且，就算在他成長的那個關係緊密的大家庭裡，其社會結構一點也沒有崩壞的跡象，也一樣。他那組織牢固的大家庭，對他最明顯的影響，似乎就是個人對家庭的義務。以致他長大成人之後，一碰到需要對家庭之外的人做些什麼或是關心些什麼的時候，他就會避之唯恐不及。

我們這時代更深一層的情緒和心理問題，就是和孤獨的這一特殊面向有密切的關係。覺得和最深處的自我沒有關聯，其成因（同時也是結果）主要是我們覺得我們和身邊的人——身邊的家人、鄰里、文化——沒有關聯。而這也是我們現代人的孤獨和古人的孤獨有別的地方。**原始民族的生活裡始終都有深層的聯繫，可以作為依靠——對眾神，對萬物，對群屬的聯繫。所以，相較之下，我們的孤獨和痛苦，更為決絕。被迫和所愛生離死別，是人生必然的試煉。可是，有史以來，從來沒有一個時期，其支撐世人的網絡像我們這時候這麼脆弱，這麼不可靠。**

宗教，使荒野化為文明

可靠、正面的內在意象所能發揮的聯繫功能

我們從上面的例子裡，已經對聯繫功能的諸多面向，抽出一些來討論了，特別是在帕納果利斯和那隻小蟲的故事。另有一位英國詩人，威廉·考柏，生存的年代在一七三一年到一八〇〇年間，也在他寫的一首題為〈孑然一身〉（*Alone*）的詩中，想像亞歷山大·

塞爾寇克(Alexander Selkirk)內心裡的對話，而塞爾寇克，就是《魯賓遜漂流記》(*Robinson Crusoe*) 主人翁創作的模型。詩人在詩裡描寫他的孤獨，述說孤獨的特徵，哀歎他的命運。我們在此還是一節一節來看。

〈孑然一身〉

君臨所見一切，
權柄一無可議；
從中心外擴至海，
我乃飛禽走獸之王。
孤獨啊！汝之魅力何在
聖賢於汝臉上所見魅力何在？
寧可日日擔驚受怕
也不願統治這恐怖之地。

身在人類接觸之外，
終將孤身走完我的旅程。
從沒聽過語言的甜美樂音，
我一出聲倒嚇自己一跳。
在草原遊蕩的野獸，
遇我直如視而不見
牠們從未見過人類，
溫馴也嚇我一跳。

社會、朋友、愛，
人類承受的神恩，
哦，若是有鴿之羽翼，
我多快便可再嘗彼之滋味！
我的悲傷便可撫平，
於宗教和真理之道，

學習世世代代的智慧，
得青春稚語的歡笑。

宗教啊！無限的寶藏
就藏在天上的國度！
比金銀都要寶貴，
超過塵世一切財富。
可是，教堂的禮拜鐘響，
這片山川谷地無由聽見，
也從未隨喪鐘長歎，
或因安息日來臨而喜悅。

你們這風哪，當我作玩物，
送到這荒涼的海岸
熱忱、摯愛的書信

來自我再也無法造訪之地。
我的朋友們，是否偶爾會寄予我
問候或思念：
哦，請跟我說我還有朋友，
雖然我再也見不著吾友。

腦中的一瞥何其短促！
與其飛逝之疾速相比，
即使風暴也瞠乎其後，
光之箭矢徒擁輕捷羽翼亦然。
當我想起自己的家園，
剎那間彷彿回到了故土；
可是，唉！斯時的回憶
隨即將我帶回了絕望。

海鳥已經歸巢，
野獸也各自回返巢穴；
即使在這裡也有休養生息的時刻，
我也回到了我的小屋。
處處皆有神恩，
而神恩，想來教人精神一振的神恩，
連苦難也能蒙上一層榮耀，
教人甘心接受命運。⑩

在第一節詩裡，詩中想像出來的塞爾寇克，一個人羈留在荒島之上，在詩中提到了孤獨迷人之處，以及別人曾經讚美孤獨之處。可是，就算一人獨居荒島，形如「君臨所見一切」，但是，塞爾寇克還是覺得那樣的處境實在「恐怖」。可是他這樣的說法，在這裡看來是相當有意思的。他這言下之意，是說當孤獨是一個人自願的選擇時，便會覺得孤獨是好的，或許因為這時一個人形如「君臨所見一切」吧。獨居在自選的國度裡面，沒有任何伴侶，因此也沒有任何衝突。你說的任何話，做的任何事，全都是對的，沒有人會有異議。只是塞爾寇克的孤獨，不是自找的——這在這裡是個關鍵——所以，他才會說他寧願「日日擔驚受怕」，也不願住在這樣無人聞問的地方。

到了下一節，詩人接著勾劃了他渴望的社群情境，舉出他懷念的人際交往，而想像他「終將孤身走完我的旅程」。這的確是孤獨裡的一個痛苦面。雖然我們告別人世，個個都是孑然一身（或許這就是一想到死亡，就教我們難以面對的原因之一），但是，獨居的人，可是連親朋好友可以告別都沒有；有親朋好友可以告別，至少還可以從他們那邊得到些許慰藉。或許就是因為這樣，所以才出現了臨終時需要請牧師、神父、教士到場的習俗。宗教是我們的社會裡，個人處理最深處的需求時，眾所接受的方法，於此可以滿足我們在生命的最後一刻需要有個關心的人相伴的渴望。再下來的詩句，接著描述因為找不到孤獨的共鳴而感到的痛苦。「身在人類接觸之外」，也等於是無法聽見別人的聲音。荒野裡的動物，是他在那裡僅有的伴侶，看到他卻完全無動於衷。欠缺共鳴，欠缺情緒上的回應，是使孤獨這麼痛苦的主因。帕納果利斯的例子，就跟我們說得很清楚：沒有人要聽我們說話，沒有人體貼我們的感覺，連想要了解我們到底在想什麼的人都沒有，我們想要說的話，我們的感覺，全都被世人拋在腦後。

到了第三節，詩裡的主人翁在心裡回味他苦苦懷想的人際來往。「社會、朋友、愛」，於他似乎是上帝「賜予」人類的福祉，卻也是他無福消受的福祉。考柏在這裡想的，顯然是個非常完整的社會：男女老少全都包括在內。因為這樣他就可以「學習世世代代的智慧」，也可以「得青春稚語的歡笑」。但是，男男女女只是他渴望的完整社會裡的一部分：宗教是另一部份。他在詩中描述荒野裡沒有宗教，讓我們了解宗教能為社會化的個人帶來些什麼。宗教以非常隱微的方式，以我們幾乎無從感覺的方式，建立起一套架構，賦予我們生命意義，為我們帶來安全感。**宗教也可將荒野化成「社會環境」，將荒野化為文明**。就是因為失去了這些東西，這些我們原本視為天經地義的東西，我們才了解這些東西對我們的意義是什麼，對我們有多重要。由此我們可以得到一項結論，而這結論是每一個有過這種體會的人一定會同意的：偶一為之的孤獨，有助於我們更加感激我們以為是理所當然的東西。「失去方知珍惜」這句陳腔濫調，說的就是這種心理。宗教於塞爾寇克，於這位身在相當不一樣的時代的人，乃成為一樣「無價之寶」，「比金銀都要寶貴」。他感歎無法聽見教堂的鐘聲，就連喪鐘也不可得。他也無法再享受安息日，還有「當安息日來臨時」的笑容。教堂禮拜的鐘聲，等於是信徒和其他人的時鐘。神的影子，就是以這樣的方法，深深烙在基督教世界的心坎。至於伊斯蘭教徒，也有這同一種功能，只是教堂的鐘聲，由光塔（minaret）上呼叫大家祈禱的穆安津（meuzzin）取代就是了。所以，時間的進程，是由禮拜儀式來標示（等於是由此宣示其神聖的地位），教堂的鐘聲，或是叫拜的穆安津，都會定時提醒信徒，生命每天的日程是在這種神聖的背景裡推演出來的。所以，信徒置身的精神參考架構，以及信徒和這套參考架構之間的聯繫，就以這樣的方式，隱微的，要不甚至就直率的，時時提醒信徒不要忘記。塞爾寇克在他的荒島上，就深深覺得少了這一份能夠提醒他追求性靈超脫的召喚。

再接下去，他想起的是他自己的「參考世界」：他的朋友。這一詩節裡，說的全是他珍惜的人於他心中形成的「內在意象」對他有多重要。雖然一開始，他心中有關朋友的回憶是給他帶來不少慰藉，但是，他還是不免懷想他的朋友是不是也有想到他的時候呢，他們是不是「偶爾會寄予我問候和思念」。於此，我們又看到找得到共鳴對我們有多重要了。可是，就連回憶起朋友的這份慰藉，到頭來還是教他沮喪，因為他的回憶，老是會把他推回現實：在這裡，朋友一無覓處。這一點相當有意思，於我們對孤獨的了解是關鍵的一點。由內在意象所激起的感情，其源生之所在，就是我們在心裡緊抓不放的所愛的回憶、所愛的「無意識形象」（imago），或甚至只是所愛的「表徵」（representation）。我們若是抓住了這樣的內在意象，我們在碰上生離死別的時候，就比較不容易被孤單、見棄的感覺打倒。因為這樣，我們的所愛還是以某種方式存在我們心中。隨身帶著失去所愛的紀念品、照片、畫像之類的東西，已經是很古老的傳統了，由這傳統可知，我們通常需要借助於一些具體的、有形的東西，來加強我們這些珍愛的「內在意象」在我們心中的「投影」。在倒數第二節裡，塞爾寇哀歎他自己無所依歸的意象。他想起了家園，甚至「剎那間彷彿回到了故土」，可是，他歎道，「唉，斯時的回憶，隨即將我帶回了絕望。」這番折騰——先是沈醉在幸福的幻想、希望、回憶裡，然後突然被拉回現實——是非常痛苦的。記不記得帕納果利斯在警衛一腳踩死了小蟲時，才剛獲得未久的生命之樂頓時全失的痛苦？

最後一段詩節，說的全是尋求慰藉。塞爾寇克想起了夜間萬物歸於沈寂；這時，即使是島上的野獸，也回到自己的窩巢。就是在這時，他才能享有上天賜予他的唯一恩典——睡眠，他給這段時間取了個很恰當的名稱，「休養生息的時刻」。患有憂鬱症的人，對這份慰藉都很熟悉，因為他們泰半都需要這份慰藉，通常也能從當中暫時解脫心靈的痛苦。藥物通常也有這樣的功用，使人在意識昏沈之際覺得現實好像被推到遠處，好像不是真的，好像整個人包在棉花球裡，對現實的痛苦感受力就比較低了。

孤獨在這首詩裡，似乎是因為少了幾樣東西而起——少了能夠給他同情的東西，也少了其他幾種伴侶——能和他交感共鳴的大自然，照看他的神明，以及有人為伴的感覺。

荒島空曠的蒼穹，便如空洞的房間，教人一踏進去心便往下沈。聽不見任何回響，只有自己孤獨的跫音。這時唯有兩種方法可以撫慰孤獨的心靈：一是黯然入睡，放卻一切意識，這時自然不再覺得孤獨，二是假想周遭的一切，雖然看起來寂寥之至，但是自己未必真是孑然一身。

從考柏的詩裡，我們可以了解孤獨的體驗之所以這麼痛苦，有一大原因在於：詩人的內在意象缺乏力量；或者說得更精確一點，「不堅定」。如他所說，當他在心裡呼喚朋友的影像時，他覺得好過一點；但是，未幾，他和朋友之間的聯繫便突然中斷，讓他憬悟他還是孑然一身。他的內在意象在重要的時刻，教他失望：這些內在意象一點也不可靠。由此可知，他的自我的基礎並不紮實。擁有堅實、可靠、有支持力量的內在意象，才能在一個人的內在建立起關鍵的聯繫，才能在一個人可能真的有一段時間都是孑然獨處，和外界的聯繫暫時中斷之際，在個人和自我之間建立起共鳴的聯繫。在個人和外界的關係暫時中斷或是十分薄弱甚至在崩解邊緣時，害怕失去一切、害怕失去自我、失去生命之樂的沈落感覺，便會因為和自己的自我尚保存一絲聯繫，而彌補了過來。所以，這內在意象可以比作是吉爾迦美什和天地間的聯繫，摩西和他族人間的聯繫：因而可以稱作是這類聯繫的「內化」。堅實的內在意象，可以帶來這類「有人支持」的感覺，而讓一個人覺得安全，縱然形單影隻也不以為苦。考柏的詩裡透露出來的，還有詩人面對孤獨時的私密心境，反映出了考柏個人的心理狀態。不過，這首詩也具有不小的代表性，因為大部份人面對孤獨時的反應，通常不脫這一模式。

深層心理學派對這類內在意象非常感興趣，咸認為內在意象是由童年早期的經驗塑造成型。童年早期若是有人常伴身邊，不斷給予關懷照顧，傳達愛、同情、安全和保護，這樣的經驗，無疑是這類核心的內在意象重要的建立基石。一般是以母親為建立這基礎的負責人。至於外在的大環境——自然世界、人文社會、來往密切的親朋好友，氣候和營養等——也在打造這基礎上扮演了舉足輕重的角色。這基礎也是個人日後發展人格的起點。

榮格心理學派特別重視孩子誕生時的狀況。女性以其母性本能，多半有能力做個「稱職的母親」。可是，孩子若是在衝突、不安、戰爭或是饑饉當中誕生，抑或生來即有健康問題，那麼，他先天的處境便談不上可靠、談不上穩定，而會對他形成重大的影響。套用童話故事的角色，我們可以說故事裡請來的「仙姑」、「女巫」，全都可以為孩子帶來福氣。但是若有人被漏掉了，或是覺得遭排擠，那麼，她就可能會對孩子下詛咒，而嚴重妨礙孩子日後的身心發展。再如父母的婚姻若有重大問題，或是做父親的沒有愛，虐待母親，這於孩子的安全感的不良影響，一如不稱職的母親。所以我們可以說：在「大地之母」（Great Mother）這個領域裡面，並不是沒有問題的。「自然之母」（Mother Nature）在一切順遂的時候，是可以哺育孩子，保護孩子，可是在孩子生病等這類不好的情況出現時，便會搖身一變，變得殘酷，具有毀滅性。當然，做母親的於主觀的意願上，是可以努力做好母親的角色，可是，大環境若是有缺陷的話，即使母親很有愛心，也細心，孩子長大成人後，仍然有可能因為他出生時的情況，以致欠缺這類可靠、正面的內在意象。

我便覺得我有個病人是這樣的情形。她和母親的關係不錯，而她也覺得她母親算得上是一位「稱職」的母親，可是，她生於第二次世界大戰末期，經歷過東歐的大逃亡潮和饑寒交迫的日子，結果長大成人之後，出現了「關愛匱乏」的各種症狀；而這些症狀，全是沒有碰過「良性母愛」（positive mothering）的人身上才會出現的。她欠缺紮實的內在意象，表現得很明顯，所以無法和人建立溫暖、愜意的關係，老是有一份孤獨的感覺在啃嚙她的內心。她後來還對我解釋，她必須覺得她有辦法撇掉她和別人的關係，一撇再撇，否則，她就會有被困住的感覺。

孤獨的症狀

而這孤獨感的症狀是什麼呢？躲在孤獨背後的又是什麼呢？覺得孤獨的人，是覺得自己活在沒有共鳴的世界裡。這感覺其實是心理內部狀況的投射。一個人會把自己內心裡原發的意識和感覺，當作是從外面來的。**覺得孤獨的人，其實是因為他的心靈缺乏共鳴的情形相當嚴重，是因為他對自己欠缺了解所致**。心理學界認為這份匱乏，是以下述方式發展出來的：幼兒在他的外在世界裡真切感受到了這些匱乏，雖然無法理解，也無法述說，可是，還是為他帶來了痛苦。而一個人碰上無法理解的事時，特別是痛苦的事時，通常會去壓制它。

但我們也可以說，我們碰上太痛苦的事的時候，常會把我們的注意力從這經驗裡抽離，這類經驗和意識或知覺的關係，因此失落無存，以致我們再也沒辦法了解這些經驗。

我們乃假裝這些經驗根本沒發生過：這些全屬於一種叫作「壓抑」的複雜心理活動。一出現「壓抑」，我們不只是和痛苦的記憶失去了聯繫，連帶也和受制於該經驗的那部份自我失去了聯繫。我們和這「經驗當事人」的情緒紐帶，就這樣丟掉了。另一類解釋模型，則說在這樣的情況裡，我們和自己的共鳴紐帶，從頭就沒建立起來過，因為它找不到建立的模型可以依循：也就是說我們沒接觸到能夠持續付出關愛的人，以致欠缺這種範型（paradigmatic）的經驗，因此也無從知道怎樣去用這種方式對待我們自己。這時，我們無從建立起良性的、可靠的內在意象，將之內化，因為我們從來沒建立起來任何一個這樣的意象：我們從沒機會體驗這類的關係。

就是在這樣的情緒荒原裡，才滋生出無所不在的沮喪。哀哀無告的情緒主宰了一切，生命了無意義、人世了無生趣的感覺，控制了一切，只覺得生活空蕩得不得了。這時，我們和外界建立關係自然是困難重重：我們因而從外界退縮回來，卻又感喟我們和外界失卻了聯繫，**哀歎我們的孤獨**。這時，**唯一剩下來的事，就是要以成就來證明我們的價值**。而這一「成就取向」，便會逼迫我們要非做出些非凡的成就不可，非要擺出一副堅強能幹的樣子不可，非要驍勇善戰不可，絕不能讓軟弱、憂傷存在：結果，到頭來是逼得我們對自己的感覺和需求全然視而不見。所以，這問題的關鍵就是：自尊心不高，其實可以看作是自我意識薄弱，或是缺乏和自己深層的內在實存有所聯繫。可是在當事人的心中，唯一感覺得到的確實感覺，也是多少還有點具體的感覺，就是被世界拋棄的感覺：身陷在這難以忍受的孤寂裡面，我們只覺得孤獨、絕望，只覺得遭人世遺棄，備受煎熬，而更進一步將自己孤立起來。

孤獨動力學

孤獨之苦，在格林（Grimms）童話韓瑟和葛瑞桃〈森林裡的糖果屋〉裡，便是核心的要角。從這則童話裡面，我們可以多找到一些孤獨這問題的動力學（dynimacis）。這故事演繹出了個人可能的心理發展過程，一個人怎樣通過孤獨的考驗，走出孤獨，而和自己、和外界建立起更深的關係。而在談這則童話時，我們必須將它放在一個集合體的心理內部來解釋——韓瑟和葛瑞桃的集合體。

故事一開始時告訴我們，韓瑟和葛瑞桃過的日子極為清苦，甚至可以說是赤貧：沒有多少東西吃，也沒有多少人類的關懷。他們的父親是個窮伐木工人，根本沒辦法養家活口。他們的母親看起來對親生的骨肉也沒多少感情：她居然向丈夫提議把兩個孩子扔到森林裡去算了，這樣至少還有他們夫妻倆兒可以活下去。雖然做父親的不怎麼願意，但還是勉強同意。這便是此後一連串發展的楔子，而且是一連串痛苦的發展。

這樣的開場，到底有什麼寓意呢？在這裡，我們看見一位軟弱的父親，既無力養活家人，也無力為他自己或是孩子據理力爭，對於妻子只能言聽計從；而做妻子的領導人角色，其實也是被迫擔起來的。我們可以說她是「牝雞司晨」吧，做丈夫的則扮演比較陰柔，或者說是比較被動的角色。然而，這樣的情形對於兩個孩子有什麼寓意呢？一言以蔽之：遭到遺棄，既沒有父親可以給他們支持，給他們指導，也沒有母親可以給他們愛，給他們關懷。從這方面看來，他們還真是窮得可以了，不論在母親那邊或是父親那邊，全都一無所有。這情形可以從兩方面來解釋。一是因為父母失職——因為他們個人的心理有缺陷——以致家庭裡的關係名存實亡：母親的感情被切斷了，父親的力量被切斷了。另一是父母雙方看來失職，是因為兩個孩子離開家庭這避風港，出外獨力闖天下的時候到了。可是，不論是哪一種解釋，都等於是在孩子的發展過程設下了路障，而以後者是比較正常的情況：所有的父母到了某個時候，都必須「失職」，放手讓孩子獨立過活。但在孩子這邊，則不論是哪一種情況，都得從兒童期走出來，蛻變成更成熟的人。而且，照故事裡看來，他們和真實人生一樣，都得親身經歷獨自面對世界的孤獨，才能在建立關係和心理發展上，更上一層樓。他們必須離開家庭的庇護，獨自展翅單飛。

硬生生被扔到窩巢之外——被遺棄，被放進孤獨、不安的處境裡去——就由韓瑟和葛瑞桃被丟在林子裡的意象，充分展現出多重的寓意了；因為，這樣一來等於是被迫面對實體上的危險——沒有人給予關愛、同情、支持或是照顧：生命裡再無陽光，再無歡笑，只有迷途、遺棄的恐懼。可是，再來這也等於是一個人有機會碰上奇遇，碰上大發現：躲藏在深處裡的東西，就是要在這時才會挖掘出來。韓瑟和葛瑞桃就是要在這時，才有機會碰上一些他們應該了解的人物、想像、感覺，而在了解之後，才有機會長大成熟。套用心理學名詞，我們可以說這種「被迫式迷途」，其實正是「重新定位」，而讓韓瑟和葛瑞桃發現他們原本不知不覺的內在層面；唯其這樣，蛻變才有可能完成。所以，在森林裡迷路，激得這兩個孩子不得不面對他們深層的心理狀況；而這深層的心理狀況，是他們留在父母家中絕對無法發現的。

這兩個孩子迷路的方式，也帶有深意。第一次，他們是被帶到林子深處，想讓他們倆兒餓死在那裡，但是，他們兩個居然找到路回家，因為韓瑟偷聽到父母的計劃，預先收集了一些小石子，沿路留下記號，而順著石子回到了家。這回家之舉，其實可以看作是「倒退」（regressive）的一步，倒退回了他們原先極為惡劣的處境。等到他故技重施，一路灑麵包屑，想要順著麵包屑再找到回家的路時，這次就失靈了，因為麵包屑全被鳥兒吃光了。韓瑟想必是打從出生起便住在森林邊的，照理說應該對大自然相當了解，因而應該想得到會有這結果。所以，由這誤判可知，韓瑟欠缺「現實感」。這可能是因為他還不成熟的緣故：年輕人一般的現實經驗都還不足，以致無法理智的判斷現實的狀況。而他欠缺現實感，可教他們倆兒此後吃足了苦頭。他們也就是要在這一方面多加歷練，才會長大成人。這兩個孩子在林子裡，到底碰到了什麼呢？首先，他們碰見一隻白鳥，領他們到了女巫的屋子。這隻鳥，等於是所有鳥類的化身，影射的是天空，是空靈幻化，是智能，而和大地、和實體成為對照。而這隻鳥是白色的，更加強了這一層寓意，因為白色一般代表純潔和絕對的價值——於此或許是指智能或是精神，只是帶有虛無飄渺的性質。具體的物質現實，也就是人世事物的知識，需要和大地、和物質有良好的關係；至於飛翔在空靈的領域裡面，代表的是對精神層面的癡迷，也常等於是逃避現實世界的難題。青少年為了找出自己和父母世界及其價值觀的恰當距離，常會陷入這類理想化的幻境裡面。人世的新想法和看法，可以帶領他們脫離家庭，進入另一比較獨立的領域。可是，在我們當今這時代裡，這通常不幸會導致排斥物質，而且是以自己的軀體為目標，因而出現嚴重的厭食症。青少年以拒絕供給自己生命所需，來表示他們需要拉開自己和母親、家人、子宮以及家這避風港之間的距離。從我們接下來要談的案例裡，我們可以知道這種傾向常在母親失職的人身上發現。活在空靈的世界裡面，等於是將自己對物質現實的不滿，給彌補了過來，而且有時真是如此，因為從韓瑟和葛瑞桃身上，我們發現他們若不跟著白鳥走，他們絕對碰不到女巫，也就失去了這一發展機會。

可是，這隻白鳥帶著這兩個孩子到哪裡去呢？到了女巫的，一棟由各色各類又漂亮、又好吃的糖果屋去了。兩個孩子跳上屋頂，開懷大吃，根本沒想到是不是有什麼問題。入夜後，他們躺進雪白的被單裡，還以為自己到了天堂。乍看之下，我們可以想見這樣的反應，對這兩個沒得吃、沒人關愛、過得苦兮兮的孩子而言，其實是再正常不過了。可是，我們還是不禁奇怪，他們怎麼這麼無知，對於這好像無緣無故專門是為他們準備的好東西——還位在林子深處——居然想都不想就視之為理所當然。所以，這時我們不禁又想起了韓瑟用麵包屑作記號的事了。這兩個孩子顯然和物質世界的關係，有嚴重的缺陷。

而那位設下誘人陷阱抓小孩來吃的女巫，便是他們這根本問題的象徵。我們可以把她想成用各色好東西換取小孩好感，想把小孩綁在身邊的人。而她的承諾就是：「你們再也不會孤獨。」可是，在這承諾背後卻有威脅：「你們也再也不得自由。」女巫抓到了小孩，要把他們吃掉，因為女巫用這樣的方式換到了小孩的好感，同時也就妨礙他們的天然發展。這層慈愛的背後，其實包藏禍心。這樣的關係，對孩子等於是束縛，綁住他們，讓他們無法輕易切斷依附的紐帶。

這位女巫另也有別的法力：她的眼睛看不清楚，卻可以和森林裡的動物講話。這有什麼寓意呢？看不清楚，表示無法分辨有意識的行為，但她憑感覺摸索。所以，她在大自然裡的生存，是一種參與（participation）的關係，是一種沒有疆界的共生關係。而韓瑟和葛瑞桃的問題，正是這種關係。這兩個孩子缺乏關愛，因此渴望能到天堂一般的地方，沒有衝突、沒有歧視的地方。可是，這女巫的佔有、禁錮太過極端了，他們受不了。女巫代表兩個孩子的共生慾望，這份慾望在他們的潛意識裡滋長壯大，可能是因為他們在發展時期裡未能得到該有的滿足吧。她代表他們兩個對人世的美好、真實，懷抱的幼稚渴望，代表他們對完全的依賴，對沒有衝突、沒有紛爭的天堂境地的渴望。可是，這樣的世界，對於個人的發展有害而無利。

可是，遇上了女巫代表的共生面，卻讓兩個孩子開始看清楚現實的真相。這可能是他們了解自己內心的共生渴望唯一可循的途徑，可是，這一路上也危機四伏——可能被吃掉，被大不可當的「母性角色」(maternal figure)一口吞下，整個被摧毀。關愛和依賴，是兩個孩子渴求的東西，可是，他們也因此學到：這也是一種消蝕生命的狀態，是與生命為敵的。而他們這番歷程的驚險，最後也讓他們了解：實現這些想望會有什麼危險，進而學會自己也想些詭計贏過女巫。例如，他們騙女巫，韓瑟伸出了手臂，讓她檢查是不是夠胖可以吃了，可是，他伸出來的其實是根雞骨頭，而最後，葛瑞桃還抓住機會一把把女巫推進火爐裡，解除了危機。在這些時候，有遠見、有好主意的人，都是葛瑞桃，她顯然搞清楚了女巫另有企圖，也知道她一樣可以騙過女巫。

故事的結局說的是兩個孩子怎樣把女巫推進火爐裡面，重獲自由，還把女巫的金銀財寶全都拿走。在回家的途中，他們遇上一隻鴨子，騎在鴨子背上游過水面，而且是一次一個人。他們兩個已經學會認清現實，所以葛瑞桃知道鴨子沒辦法一次載兩個人過去。這兩個孩子的發展，往前跨進了多大的一步啊！他們新建立起來的現實感，表現在葛瑞桃對大自然現實的理解上面：他們兩個對一隻小鴨子而言，委實太重。了解現實的界線，顯示兩個孩子不再陷在他們「參與」的想望裡面——不再陷在他們渴求和母親合而為一的想望裡面。而他們回到家時，他們的母親已死，這表示他們已經克服了壞媽媽，而能和父親共享他們從女巫那裡拿回來的金銀財寶。那位壞媽媽，已遭女巫毀滅，他們和這個邪惡的、詭計多端的人物交手，教會了他們寶貴的人生課題。她為他們帶來金銀財寶，因為他們看清楚了她，認清楚了她的不良特質。他們因而可以回家，和父親重建關係，而這位父親，現在也孑然一身，沒有了殘忍的母親作梗，終於可以和孩子重享天倫之樂。殘忍的母親不見了，可能和女巫有關。母親原型裡的奸詐面，在這位沒有同情心的母親消失之後，也被削弱了。

韓瑟和葛瑞桃的故事，為我們進一步揭露了孤獨之苦的面相。在這裡，我們看見孩子因為缺乏良性的母愛經驗，以致無法建立可靠的、良性的母親意象，從而決定了兩個孩子對生活的感知、對生活的體驗。他們對物質現實完全脫節，而且懷抱幼稚的渴望，渴求不實際而且危險的共生想像，到頭來淪為想要把他們吃掉的壞母親的俘虜。他們欠缺完整的母愛經驗，讓這兩個孩子不知道該怎麼去面對壞母親的事實。他們一開始時的處境，缺乏共鳴，以致將他們推進了壞母親的魔掌裡面。可是，葛瑞桃最後還是騙過了女巫，兩個孩子才逃出這場殘害他們感情的逆境。

現實世界裡的韓瑟和葛瑞桃

這則童話故事若是發生在真實世界裡面，會是怎樣的呢？於我心理分析的執業生涯裡面，有個案例便可以作為上述模式的寫照：看過這個例子之後，我們對於上文所描述的孤獨，還有這孤獨對個人生活會有什麼影響，我們又該如何擺脫孤獨的控制，便會比較清楚。那位來看我的女子，身穿一襲黑色長大衣，耷拉著肩膀，頭髮略顯蓬亂。在我們諮詢的頭一個小時裡，她渾身都是不信任的訊號，而且此後幾次諮詢，也都是如此。她的問題是在學校（大學）作口頭報告以及和同學來往有困難。她覺得他們個個都不喜歡她，因而要她當著這些人的面作報告，實在很困窘。在頭一個小時的諮詢裡，她曾經提起她是在孤兒院長大的，不過只是輕描淡寫的帶過，看不出來感情。

在以後的幾次諮詢裡，我發現這位我叫作「珍」的女孩，具有強烈的理性取向：她對生命、對愛，常作哲學思考。事實上，她在大學裡讀的正是哲學。她這性向很早就展現出來了。例如她還在孤兒院裡的時候，就常幻想自己是個先知，站在高塔上面，俯視腳下的人間，發表鄭重的預言。這樣簡單的描述，馬上就讓我們想起韓瑟和葛瑞桃的故事裡的一大元素：退回理念的世界裡去，當事人在那世界裡，缺乏對物質領域的依戀。這是拒絕家庭溫暖，想要振翅高飛的青少年常有的典型，這樣的青少年常會幻想自己投身到另一個更崇高、更有智慧的理性世界。

珍很小的時候就失去了母親：她約在兩歲的時候，被送進了孤兒院。可是被人從母親身邊帶走，只是她被剝奪的母性窩巢的一部份。隨母親一起消失的，不只是親人的關愛、哺育，還包括能夠給予孩子天然安全感的家：家對小孩子而言，永遠都具有不滅的重要地位。家，便像是母親的延伸，和孩子自己的房間、玩具一樣，可以提供孩子慰藉和安全感。穩定的家庭環境，亦即母親和家庭生活裡日日進行的撫慰儀式所形成的物質世界，等於是一種代換物；也就是說，這些物質可以在孩子心中喚起母親的形象，甚至喚起母親體內的子宮印象，因而可以形成轉移的作用，把母親和這份慰藉連接起來。只要有一方安穩存在，就等於是另一方存在。而反過來，若不是這樣的情況，那麼不安、不穩甚至恐懼的情緒，隨之便會出現在孩子心中。我們在先前的那位戰後小難民身上，便看見了這樣的例子。家庭溫暖的體驗，於珍身上突然被硬生生截斷了。這時，她是怎麼處理這經驗的呢？我們從她說起在孤兒院長大一事，不見任何情緒波瀾，可知她把她被遺棄在孤兒院的知覺壓了下來。所以，珍在很小的時候，就懂得封閉感情，不只是這情況對她太過痛苦，對她周遭的一切也一樣很痛苦。每當她父親或是母親在周末帶她去看爺爺、奶奶或是外公、外婆，過後要送她回孤兒院的時候，都叫她不准哭。我們可以想見她若是號啕大哭，不肯回孤兒院，對她的父母或是對她一定都很痛苦。所以，珍自然而然會聽父母的話，學會了迴避她痛苦的世界，而躲進理智和精神的世界。在那世界裡面，她可以幻想形而上的事，沈浸在輝煌的想像裡面（像是幻想自己是位女先知）。在那個世界裡面，沒人抓得到她，沒人會要她這樣、要她那樣。沒有可以摧毀她為自己建立起來的脆弱自尊。珍和大部份孤獨的人一樣，活在灰姑娘的幻想世界裡面，期待有天王子出現，自己就可以搖身一變，去當王后。不過，孤獨的這一面相，我們要留在下一章裡談。

被母親丟在孤兒院，住在陌生的環境而不是生身的家裡，一定教珍覺得缺乏共鳴，而這份共鳴也放大成了無所不在的感覺，而變成這整個世界都沒有共鳴。我們若回頭想想母親和母親身邊的世界在孩子腦海的代換關係，就知道這是顯而易見的結果。不過，最重要的是她覺得外界缺乏共鳴的感受，後來成為她內心裡和自己建立關係——或者該說不建立關係——的模式。這時，珍不可能對自己有任何良性、溫暖、支持的感覺。這時，我們再回頭想想當時這孩子有多小，為什麼會這樣就很清楚了。小孩子若是沒有外在的堅定支持，他自己根本不夠堅強、獨立，實在難以承受這樣的感覺。換言之，母親和母愛的內在意象，一定要很頻繁、很強烈，才足以深植在孩子心中，不會被抹滅。而珍在兩歲的時候就失去了母親和母愛，當然無法自行處理這些重要的感覺和功能。

結果，她不相信這個世界，內心裡又偷偷把自己想像得很偉大、很神聖，對人際關係同樣懷抱這類不切實際的幻想。她要這些關係和諧無瑕，對她關懷備至，甚至是共生式的。而她一而再、再而三的失望，也是自然而然的事。她另也無法敞開胸懷，帶著自信和人來往。而一旦她敞開胸懷和人來往，她又會在無意識裡老是懷疑別人是不是會和她母親一樣排斥她，又把她扔掉，丟在孤獨裡面。這樣的心態自然又拉開了她和別人的距離。可悲的是她脆弱的自尊，無法由任何良性的經驗來彌補或是加強，因為，她根本不肯敞開自己接納這些經驗。她認定她會失望，她實際的經驗也就注定因此而教她失望。而失望讓她從外界進一步退縮出去，也進一步讓她從自己這邊退縮出去。

這樣的情況裡，另一面的破壞，就是對外界懷抱著幼稚的期待。既然對別人該怎麼對她懷抱著幼稚的期待，一再的失望也是自然而然的結果。在她的希望和想像裡面，這世界應該是用薑餅做成的。而她一碰到一點也不甜美的苦澀時，就變得更寂寞，更沮喪。珍看這個世界、這個世界裡的人群、這個世界裡的生命情境時，一直無法以其本然的面目去看它們，所以無法對別人是怎麼回事，以及別人是怎麼對她的，做出切實的判斷。由於她的希望太高，以致老是覺得別人沒把自己放在心裡。她就這樣陷在壞媽媽的意象裡無力自拔，心裡只有孤獨、被遺棄的感覺，因為孤獨而苦，可是這孤獨追根究柢，其實是她存在的孤獨，她自我的孤獨。

不過，在我們的療程裡面，珍終於有辦法得出些重要的體驗。首先，同時也是最重要的，就是她必須從我身上，也就是她的治療師身上，看出我正敞開心胸，隨時隨地願意傾聽她訴說，隨時隨地願意給予她同情。我隨時都可以傾聽她訴說心中痛苦，心中的失望，心中的寂寞。而這也表示她隨時都得找得到我，特別是對珍。所以我把我私人的電話號碼也給了她，讓她隨時可以聯絡上我。雖然她很少用上她這特權，但是拿到這個號碼，對她而言非常重要。這給她一種安全感：每當她想找個人傾吐心事的時候，絕對有個人願意把她擁在懷中，任她傾吐心事。

有了這份信任作基礎，珍終於開始慢慢打開了心扉——而這信任，我得加一句，其實是很難建立起來的——對她自己打開心扉，也對我、對這個世界打開心扉。她很小的時候因為被拋棄而碰上的痛苦——委實太小——以及其後隨之而來的孤獨，這時她也開始看得清楚了，而她需要花費很長一段時間來作的調整，也因此而有機會完成。這些都需要時間消化。被扔進孤兒院是很大的傷害，而且，此後還帶來了長久不去的痛苦。待珍開始了解她過去是個怎樣的孩子，以及那孩子內心裡有怎樣的痛苦時，她也開始對自己這個「人」產生了共鳴，不論是以前那個珍，還是現在這個珍。而這正是心理治療裡最重要的一步。出現了這一步，珍才可以在感情的領域裡面，有正面的體驗。這時，她才有辦法丟掉她對人的懷疑，也才可以丟掉她對包羅一切的母親懷抱的不切實際幻想(這樣的母親形象，同時也是女巫或是奸詐母親的反面形象)，因而看這個世界時，也才可以看出它真實的模樣。待她看清楚了這個世界，這世界就不再那麼壞了，因為，這時她不會再把它看作是她那壞母親的延伸。我這位治療師為她提供了良性母愛的堅強意象，而且，這內在意象隨著時間進展，逐步在她身上內化。那包羅一切、吞噬一切的母親，在她心中佔據的空間，漸漸改由這個比較正面，同時也比較真實的形象取代。到了治療快要結束的時候，珍也開始了解，她對那隻小鴨子而言，委實太重。

我們在這裡也可以看得出來，珍的新經驗連帶為她帶來了新感覺，一種不再被一個殘酷的世界排斥、不再孤獨、不再寂寞的感覺。而她心中出現的那副比較真實、比較可靠的母親形象（現在已經內化），對於這過程也有相當大的幫助。不過，母親另也有一面相不宜忽視：於外在世界所感受到的原型面相。這時，自然之母成了珍可以投奔的母親懷抱，在珍自動投向樹林的時候，樹林也向她敞開胸懷，接納了她。大自然和樹林給珍帶來一份歸屬感，讓她覺得歸屬於另一更廣大的世界；那世界接納萬事萬物，擁抱萬事萬物；這種想法和感覺，給珍帶來慰藉。於此，珍對自己身體的知覺也同樣愈來愈強，開始會去注意自己是不是有什麼不適，學會在身體不適的時候照顧自己。這些情形看起來好像稀鬆平常，但是，任何人只要曾經與一些和自己的身體之間的接觸、和他們所處的物質世界的接觸，全是負面的或根本就不存在的人，有過密切的來往的話，便會知道這重新和自己的身體接上線，意義有多重大。這等於是從一個在大冷天穿著軟底拖鞋跑出去的人，一下子變成了一個知道天氣變冷該多加件衣服，給自己泡杯熱茶，早早上床的人。珍現在也可以當她自己的好母親。生理這方面的表現，和心理是相輔相成的。

經過漫長的治療（長達八年），珍終於蛻變成另外一個人，一個知道她童年被遺棄的痛苦的人，可以理解她童年痛苦的人，理解這痛苦是怎樣影響她和他人的關係，怎樣讓她不敢信任別人，怎樣讓她對她一直無法滿足的共生式願望，懷抱幼稚的希望。現在，她再也不會因為童年時的孤獨而飽嘗痛苦，在內心深處，她並不是孤單一人，她是她心中那個孤獨小孩的伴侶；在我們的治療後期，她做的許多夢，出現了這類清晰的寓意。她也交了一票朋友，是她真心喜歡的朋友，當然，也包括一位男友，最後兩人還結婚了。她唸完大學的哲學學位，離校之後，在一家幼稚園當老師。在學會怎麼和自己建立關係之後，她現在也可以和別人建立起關係。她不再自動將內心裡的負面意象投射到外界，而可以實事求是的眼光去看她周遭的人、事，做出實際的判斷。這一點當然也讓她更容易和別人建立正常的關係。珍現在依然是個知性取向的人——她這方面的天賦，多年來是愈磨愈光，只是，現在她的知性，不再是她唯一可以用的能力。

孤獨的心理治療

一般人會去找心理治療師，一定是迫不得已，迫切需要釐清一些事情，整理一些頭緒，取得外界的支持。當今一般人都太強調獨立，以致不太願意在有需要的時候立即尋求專業的協助。所以，會走到這一步，一定是他們自己都覺得情況相當嚴重。由於內心缺乏恰當的內在意象（若有恰當的內在意象，就可以讓他們得到該有的安全感和自信心，而安然度過危機），所以，他們必須到外面去尋找這樣一個人物——化身為心理治療師的人。從這角度來看，我們可以說去找心理治療師的人，一般都在內心裡覺得孤獨，進而因孤獨而覺得生命空虛、痛苦。不管這樣的人是失去所愛——死亡、離婚，或甚至分居——或是內心裡沒來由就是會被焦慮的恐懼緊緊抓住，就是沒有安全感，會無緣無故昏倒，或是別的心身症問題等等，這些人全都需要建立有支持力量的內在意象，以求得穩固的關係。他們會覺得需要和別人建立關係——或者是不需要。不過，不管怎樣，他們需求的底線——這一點他們自己通常並不清楚——其實是需要和自己建立起關係，和他們自己的支持力量建立起關係。

孤獨的種類裡面，最糟糕的一種，就是和我們自己的內在自我之間，因疏離而產生孤獨。這種情況我們在韓瑟和葛瑞桃的故事裡已經看過了，他們兩個必須經過一番心理發展的歷程，才能將自我的認知給找回來。一般人在心理治療的過程裡面，一樣要經過這番歷程，一樣得去了解他們內心裡的渴望，他們遭遺棄的感覺，他們幼稚的期望，同時學會認清楚現實狀況到底是怎樣的。他們必須找到躲在他們內心裡的那個女巫，那個女巫一直在誘惑他們，一直將他們囚禁在她的詛咒裡。他們只要能從內心裡的流浪航程走出來，手裡就等於握有了無價之寶，可以讓他們追求充實的生活，真正長大成人，真正活出自己，可以和別人建立關係。這時，他們不再孤單無助，因為治療師的形象在治療過程裡內化之後，已經化成了他們自己的形象，會永遠陪伴他們，給他們支持，指引他們走未來的路。本書的最後一章就要詳細說明這樣的過程。

害怕孤獨等於是提出了問題

接下來我要再以另一個例子，說明**表面上成熟的個人，一樣可能因為害怕孤獨而出現嚴重的恐懼**。這是個四十歲的Z太太的故事，子女快要離家獨立了。她來看我，因為她常陷入沒來由的恐懼。恐懼襲來的時候，都看不出緣由，每次都是突如其來就把她扔進極度的驚恐裡面：恐懼一湧而上，內心充滿自卑感，覺得自己處處不如人。我花了一點時間，才讓她了解她的恐懼其實並不是真的沒有來由——她是真的害怕，害怕孤獨一人，害怕孩子離家之後得自己一人和丈夫過活。她的丈夫性情孤僻，而且一直如此，不太陪伴她，不太安慰她，對她也沒什麼情感上的支持。而她一直是個自立自強的女人，她形容自己是「隨洗隨穿」——像不會縐的衣料一樣，很好處理，要求不多，很容易滿足。事實上，就我的分析來看，她根本不怕獨處，她的處境一直都是孤獨的，只是，她頭一回感覺到她的孤獨就是了。這潛伏在內心裡的孤獨，很早就在她內心裡形成了，她很早就退縮成一個不再企求身邊的人可以實現她的希望、給她愛、溫暖、慰藉的人了。她小的時候，父母對她的期望很高，所以她也必須努力去做到父母對她的期望。她從父母那裡得到的訊息是她一定得達到期望不可，否則就會陷入孤獨。在她的感覺裡面，別人是不是會對她付出感情，全看她的表現是不是讓他們滿意。

可是，這樣的調適，卻讓她的心理付出了極大的代價：到了她長大成人之後，她內心裡的內在意象，仍然只有在她的表現十分出色的時候，才會是支持的、正面的。而她在母職上面，表現得就很出色，一點困難也沒有：家裡永遠打理得乾乾淨淨，孩子循規蹈矩，長大後都是出色的專業人員。可是，最大的挑戰也就在這時出現：孩子離家之後，她該怎麼去打理那位孤僻的另一半呢，他根本不太要求她什麼，所以，她在家裡幾乎沒什麼事情可以做，也沒有人可以照顧。她的人生走到了這個關口，突然讓她不知所措，不知該怎麼走下去。她童年時對感情、對了解、對親密關係的需求，老早就被她壓抑在內心深處不見天日。可是，等到她步入中年，被她壓抑在內心深處的需求，重又浮現。所以，我們現在應該可以了解，為什麼中年男子會向外發展，去找年輕貌美的情婦，可是，這時他們的妻子卻又開始向他們索求以前兩人從來沒有過的關愛。

現在Z太太得和我一起去把很久以前那個被遺棄的小女孩，再找回來。我們得找到她，勸她打開心扉，說出她心裡的感覺——她的喜樂，當然還有她在需要有人擁抱、有人慰藉的時候，卻找不到的悲傷。我們倆兒和那小女孩建立起共鳴的關係。我們都知道有些小孩看起來好獨立，搞得我們很難把他們當作小孩來看。我們只能祈求孩子可塑性還很大的心理，可以讓「倒退」的渴望存在，可以讓「倒退」的渴望表達出來。所以，我們常會看見有些小孩白天像勇猛的冒險家，四處探險，一無所懼，但到了晚上，卻要爬上父母的床才肯睡。這其實是這些表面上獨立的孩子必須要有的補償。而這些補償若是被拒絕、被誤解，或是被忽略，就會出問題了。孩子若是健康的話——這樣的孩子一般倒以健康居多——這樣的舉動一定會出現，這時，做父母的一定要注意他們的需求。這工作其實比一般人想的要困難，因為Z太太多年下來，已經成了對自己非常嚴厲的人。她對自己的要求很苛刻，也不太願意傾聽自己內心的需求。她對成就、完美的期望十分強烈，說不定都已經超過了她父母對她的期望了呢。

這顯然就是壞女巫施法的地方了：她看起來好像會給良好的表現嘉獎，但是，她其實就正盤據在無意識的地方：在那地方，遺棄是唯一的存在狀態。而這塊無意識地帶裡的願望，就是共生：韓瑟和葛瑞桃就算要被女巫吃掉，也要一起被吃掉。把一個人囚禁起來的，其實正是這種願望。我若有好表現，就有人愛我。可是，這樣的打算根本就算錯了：因為，會有別的期望接踵而來，教人應接不暇：而且，每樣事情都會變得不切實際。沒有人擔得起這麼沈重的負擔。這就是Z太太和韓瑟、葛瑞桃必須了解的事。

拿韓瑟、葛瑞桃、Z太太、珍等人作例子，來談當今「一般人」的孤獨之苦，似乎有點極端。不過，這種傾向在每個人身上都一樣，不管問題有多大、有多深。我甚至要說我們每個人的一生裡，總有些時候會遭孤獨之苦襲擊：這類體驗的基本現象，普世皆同。我們會覺得在人際關係上面有所欠缺，有份共鳴的接觸不見了，因為這份欠缺，以致我們對於自己的認知岌岌可危，我們的自尊心因而變得不穩。而這種感覺在我們內心勾起的絕望會有多強，最主要的決定因素，可能就是我們內心裡的內在意象有多牢了。內在意象愈牢，我們因為有一陣子缺乏有意義的關係而產生的絕望感，就會愈少。

如我在本章開頭說的，孤獨之感、孤獨之苦，是人性本然的一部份，而我也提出「依戀」的行為作為理由。我們另也可以說是因為「愛」，才把我們帶到孤獨之苦的高峰。在此，我還要進一步指出，生命裡唯有加些孤獨，才有可能發展：成熟的過程，不只需要人際關係，還需要孤獨，甚至孤立——也就是「蟄伏」(incubation) 的時刻。

沮喪和羞恥的感覺

在心理疾病裡面，和孤獨關聯最強的就是沮喪了。古代的一些畫作，例如杜勒（Albrecht Dürer，（1471—1528年，日耳曼畫家）畫的《憂悒》（*Melencolia I*）（圖3，見本書二六五頁），即是明證。孤單一人的時候，通常不免沮喪，而沮喪的人通常覺得孤單無助，以致進一步將自己孤立起來。亞理斯多德在B. J. C. E. 四世紀，就已經注意到這個矛盾現象。⑪貝勒若芬（Bellerophon）的神話故事，便是說明這矛盾現象的一個例子；我在最後一章裡，會詳細討論這則神話。而現在，我們只需要說心情沮喪的人同時也會覺得無助，因而將自己和世界隔絕開來。⑫我們先前舉的韓瑟和葛瑞桃的例子，或許可以用來說明這現象。韓瑟和葛瑞桃在林子裡的探險，可以視作高度沮喪的表現。這是內向（introversion）的時刻，是無意識裡的形象可以匯聚成情意義的時候。壞女巫就是在這時候現身，而個人的意識之光，這時若正好也投射在女巫身上，那麼，這個人就有機會了解壞女巫正是他內心裡那個吞噬一切的負面人物。可是，這時，一切的希望也一定因此而破滅。自尊心低的人，一定也會依賴不切實際的希望。而孤單一人，就等於是孤單一人和壞女巫在一起，被壞女巫緊緊抓在手裡；這時要看清楚壞女巫的真面目，看清楚她帶給我們的——不切實際的共生幻想——到底是些什麼，並不容易。這便是依賴的渴望，以及這渴望會把我們帶去的無助之地。這惡性循環很難打破，因為沮喪的人通常也缺乏主動的力量。這裡少的主要是正面的內在意象，可以適時給予一個人支持。

可是，並不是只有沮喪的人，才會因為心態的關係而蒙受孤獨之苦。任何一種強烈的心理經驗，都可能把一個人帶進孤獨的深淵。一個人若是碰上了極為悲慘或是恐怖的事，會覺得孤單，沒人了解，孤立無援，和周遭的世界格格不入。極深的恐懼，極大的嫉妒，極大的羞辱、絕望、憤怒——幾乎任何一種負面的感情，任何一種強度，都可以為人帶來孤立的感覺，讓人退縮到孤立的世界。這樣的經驗幾乎將整個人包攏在裡面，教人覺得沒有別人可以了解，沒人會給予同情或是共鳴。而另一項因素則是羞愧。一個人愈是覺得有這樣的感覺丟臉，就愈不可能承認自己心裡的感覺，以及有這樣的感覺沒什麼不對，這時，他把自己孤立起來的傾向就會愈強。而讀者讀到這裡，顯然也看得出來這些全都只是投射而已。這全是因為內心裡少了個具有共鳴的人物，以致沒人可以了解，可以產生共鳴，不過，這裡的這個人，是藏在內心裡的那個人，沒有了那個人，內心裡就再也沒人可以了解那情境的痛苦和艱難了。我們內心裡的那隻耳朵，不肯傾聽我們的痛苦。當一個人覺得全世界都不了解他，沒有一個人了解他，甚至所有的人都在嘲弄他，純粹是投射的作用：因為這時他對自己都不同情。這道理在進行心理治療，而由心理分析師擔起第一個願意真心傾聽當事人的痛苦的時候，顯現得很清楚。而病人到後來也一定要自己願意傾聽自己內心的聲音，否則，沒有任何治療會奏效。

在這方面，羞愧是非常重要的現象。⑬**羞愧會將人和別人隔絕起來。羞愧是塊絆倒人的大路障，但也是了解和痊癒的第一步。**對自己的感覺、行為、身體或是心理覺得羞愧，可見當事人羞愧的事，對他是很重要的事：就因為重要，所以佔去當事人這麼多的時間、情緒和精力去覺得羞愧。這時他羞愧的事，成了最重要的事。可是，這也要當事人有辦法對別人述說他羞愧的經驗（他說的話、做的事、有的感覺等等），那時，那件事的重要性才會落實。對別人述說自己羞愧的事，整個過程都十分寶貴：能夠和別人講知心話，可以將一個人從內心深處整個扭轉過來。這表示當事人找到了某種接納：本來難以啟齒的事，現在講得出口，等於是某些當事人想要排除的部份，現在已經可以拉進來，某些當事人想要抽離的部份，現在已經可以融合起來。

孤立在群體之外，可以純粹看作是和別人格格不入，但也可以看作是件心理內部的事，而且還是以這為主、為要。**當一個人遺棄了自己的某些部份時，他就會覺得孤單無助，而且，他只會覺得是世界遺棄了他。可是，壞女巫其實是躲在一個人的內心裡的，而不是外面。**壞女巫若要消失，就要將她放在她該待的地方：就是把她還原成她本然的內在意象，而不是外在的表現；外在的世界只對外在的表現負責。但是，這種作法需要有主動的精神，需要有力量，有希望。絕望和幻想，只是逃離孤獨的大敵和路障。當事人一定要看清楚事實，了解自己對外界的投射是什麼，了解自己把遺棄自己的母親投射到外界去了，了解自己把渴望有一位寵溺自己、圍困自己的母親形象投射到外界去了。渴望從外界得到幫助、依靠、數之不盡的禮物或是寵愛，這種共生式的希望，和得不到了解，一樣是十分危險的障礙和陷阱。然而，**大部份人比較喜歡把自己放在受害人的地位，而不容易把自己放在主宰自己命運的地位。**

孤獨和愛

孤獨在愛裡也佔了一席重要之地，可是，由於這本書的主旨不在愛情關係上面，所以這相當有趣的話題就只能簡略帶過。愛侶一旦分離，便會覺得痛苦；愛侶通常希望兩人獨處，兩人共享孤獨。愛情關係若是無法滿足其中一方對共處的需要的話，當事人就會因為名為形影不離、實則孤身一人，而覺得很痛苦。

分離因而成為愛情裡的一大主題。我們都知道一旦陷入愛河，另一人是否在我們面前，就成為我們是否快樂的首要條件。彼此了解愈深，彼此分離時的相思之苦就愈深。在本章一開始的頭幾頁裡，我們曾經談到死亡和流放是人類孤獨體驗裡負面經驗的原型。詩歌和文學創作，便常以這不論時代、不論地方的戀愛中人均深切了解的感覺為主題。十四世紀喬治亞(Georgia)地方的作家蕭塔·羅斯塔維里（Shota Rustaveli）寫的一首詩，

〈豹皮之王〉（*The Lord of the Panther Skin*），便是描寫這種痛苦的古例。詩歌開始前有楔子，作者說：「當所愛遠離，愛人的呼吸頓成歎息。」他甚至依相思之苦的程度，來區別真愛和調情：

> 愛侶絕對要專情如一，摒棄所有不潔和淫亂；和所愛分離，即恆常歎息；衷心企望一人，即使該人冷酷不仁亦然……今天這人，明天那人，分離一無所痛——不配冠以愛的名號。

這位喬治亞古詩人說的，和當今諸多愛戀中人說的一樣：當愛人遠離，他便陷入相思之中，整顆心被「火焰的灰燼吞噬」。⑭羅斯塔維里在相當感情強烈又有點老式的詩句中，表達出莎士比亞在《羅密歐與茱莉葉》（*Romeo and Juliet*）或是現代人在《西城故事》（*West Side Story*）的電影裡表達出的同一種感情。

熱戀中人通常喜歡甩開其他人，與所愛單獨廝守。他們會想像逃離社會，甚至同時自殺，相偕擺脫塵世的紛爭和庸碌。陷入愛戀，通常表示陷入一種特殊的感覺當中，特殊得教人想要把這種特殊天長地久的保留下去。十九世紀的法國象徵主義詩人亞當（Villiers de l'Isle Adam，1838—1889），在他寫的劇本《艾克索》（*Axel*）裡，便將這情境描寫得十分感人。愛侶想像要共同自殺（《羅密歐與茱莉葉》），所要逃離的，未必就是周遭的世界，而是不願兩人的愛被日常生活的庸碌、繁瑣污染：他們想由死亡，將愛的特殊永遠保存下去。不過，我們這裡談的是追尋孤獨，也就是我們下一章的主題。

孤獨在愛情裡扮演的角色，還有其他方面需要一提。雖然愛情來臨，好像等於是宣告脫離孤獨。可是，一旦了解這份允諾永遠無法經由另一人實現，這時幻滅就跟著來襲。這份失望，可以為人帶來孤獨，帶來永遠的失落。當事人當時會陷在很深的沮喪裡面，或者是轉而追尋新的愛侶，看看另一人是不是能夠滿足這份渴望。形雖相依、心卻分離的情況，若是再欠缺愛情關係，痛苦便會益形深刻。詩人聶魯達（Pablo Neruda）在〈靠向午后〉（*Leaning into the Afternoons*）這首詩裡，便道出了這時的心境：

靠向午后，我投下哀傷的網
朝你汪洋的眸子抛去。
在極度的炙熱裡，我的孤獨愈伸愈長，爆燃出火，
火舌吞吐如溺海人的手臂。

我送出紅色的訊號，通過你空白的雙眸
雙眸如海濤洶湧，如燈塔旁的海灘。
你只護衛黑暗，我遠方的女子，
從你那邊，有時恐懼的海岸也會升起。
靠向午后，我撒下悲傷的網
至你汪洋眸子破浪前行的大海。
夜晚的鳥類，輕啄初升的星辰
星辰閃爍如我愛你之靈魂。
夜色奔騰在魅影的海洋
傾吐藍色的流蘇在陸地之上。⑮

20世紀的小摩西，不再有族人可以相依，不再有上帝可以歸屬

在為這章〈孤獨之苦〉作結論時，我們最需要強調的就是其中內含的主要心理問題——欠缺適當的內在人物。**孤獨之苦太過深鉅的人，似乎便是欠缺正面**（也就是有支持力量）**的內在結構或是人物**，讓他們可擁有親密的關係；他們沒辦法依靠這些人物的陪伴。可是，這類匱乏，一定要同時放在集體和個人的層次上了解才可以。許多人在這方面的經驗並不好，可是，這問題應該是和我們所處的時代和年紀有關。支持可以從許多方面得來，可是，現代家庭偏好小家庭，以致將大家庭以其廣大的人際網絡所建立起來的支持系統，排除在生活之外。除了這，我們還有什麼呢？我們的社群如何呢？世事最新的發展，因政治、經濟因素而大舉流徙的人潮，群集在城市中的無家游民，為社會畫出了新的面貌——三教九流各色人等蝟集在一起，缺乏足夠的支持和哺育的價值系統，

沒有多少共通的價值觀。宗教在以前是一大支柱，眾人信仰的神祇將大家凝聚在一起，給大家帶來慰藉，在不安的政治和物質環境裡，提供大家安全感；如中古時代就是這樣。如今，大部份的宗教和文化價值（支持系統），已經失去了重要性。當今的世人，再也沒有一個集體的社會和精神宇宙，將大家集合在一起，由這宇宙提供眾人生命的意義和力量。**二十世紀末的小摩西，不再有族人可以相依，不再有上帝可以歸屬。他的流放，是脫離自我的流放，是脫離母親的流放，是脫離他生身國度的流放；以致依照亙古不變的心理律，他乃流落至內在的荒原，而且常將這內在的荒原投射到社會。他乃飽受低自尊之苦，自疑之苦，無處可以投奔之苦；而他也會想盡辦法來減輕這些痛苦，有狂熱追求成功，有瘋狂購物，有嗑藥，有看電視。**可是，我們這時代的摩西，其實都受制於內心深處的孤獨；這孤獨無從紓解，因為它深植在一個人本我的最深之處。當他感覺到這股深沈的孤獨時，他或是想辦法丟到腦後，或是大睡一覺，或是在森林抑鬱的深處，勾劃自己的存在。唯一的希望，就是有朝一日可以覺醒過來，找到力量和動機，將女巫推進她自己的火爐裡去。不過，當代人最常見的情況，卻只是呆坐在女巫門外，吃她的薑餅，轉移自己的沮喪。女巫門外這些看起來不錯的東西，似乎可以為孤獨裡蘊含的深沈渴望，帶來滿足。等到女巫伸手要吃他的時候，他既沒有力氣、也沒有希望、沒有動機，去想辦法面對她，請她回到她該待的地方。

在結束這章之前，我一定要提醒讀者這問題的另一面也很重要。這一面我們在韓瑟和葛瑞桃的故事裡已經約略提過了。**孤獨雖然痛苦，卻是人之所以為人的根本**。孤獨也很可貴，古來喜作精神追求的人都可以作證。**我們甚至可以說孤獨裡也蘊含了喜樂，因而孤獨也帶有誘惑**。這便是我們下一章的主題。

註釋

1. Erich Fromm的*Escape from Freedom*（New York: Holt, Reinhart and Winston, 1941; New York: Avon, 1976), p. 15。
2. *Epic of Gilgamesh*, Nancy Sanders編（London: Penguin, 1960), pp.71-72。
3. *Behaustheit*的意思是「在世間覺得自在」，也就是身在世間，恍若身在自家。見Martin Buber的*Between Man & Man*（New York: Macmillan, 1948), p.126。
4. Alphonse de Lamartine, "Solitude"，譯自法文原詩"L'isolement"，摘自*Poetic Meditations*, William North英

譯（London: H. G. Clarke, 1848）, pp.10-11。

5.這段文獻，還有以後有關聖經的引文，我全都是用最新的權威譯本，*The NIV Interlinear Hebrew-English Old Testament*，四冊一輯，*Genesis-Malachi*, John R. Kohlenberger III編（Grand Rapids, MI: Zondervan Publishing House, 1979）, Exodus, 2: 3。

6."Why don't you read his great novel; April 15th is the 50th anniversary of the death of the Austrian author Robert Musil", by Wolf Scheller, in *Jüdisch Allgemeine Zeitung*, No. 47（April 9, 1992）, p. 15。原作者英譯。

7.Arthur Koestler, *Drkness at Noon*（New York, Bantam, 1984）和Oriana Fallaci的*A Man*，由William Weaver英譯（New York: Simon & Schuster, 1980）。

8.這段引文，以及上一段引文，皆引自法拉齊的*A Man*, p.74-75。

9.Letitia A. Peplau and Daniel Perlman, *Loneliness, A Sourcebook of Current Theory, Research and Therapy*（New York: John Wiley & Sons, 1982）。

10.威廉・考柏，*Alone*，收錄於Louis Untermeyer編的*Albatross Book of Verse*（London: Collins, 1960），這首詩的作者，據信是亞歷山大・塞爾寇克在佛南迪斯島（Juan Fernandez）上寫的。

11.亞理斯多德，"Das Problem XXX"，收錄於Erwin Panofsky，Raymond Klibansky和Fritz Saxl合著之Saturn und Melencolie（Frankfurt: Suhrkamp, 1990）。

12.Aaron T. Beck, *Depression: Causes & Treatment*（Philadelphia: University of Pennsylvania Press, 1972）。參見

第二章Symptomology of Depression。

13. Mario Jabocy, *Scham-Angst und Selbstwertgefühl: ihre Bedeutung inder Psychotherapie* (Olren: Walter Verlag, 1991)。這位榮格派的心理分析師對寇赫特（Kohut）的self-psychology和榮格心理學之間的關係，特別有興趣。讀者若想進一步了解，請參照‥*Individuation & Narcissism: The Psychology of Self in Jung & Kohut* (London: Routledge, 1990)‥以及*The Longing for Paradise: Psychological Perspectives in an Archetype*，由Myron Gubitz英譯（Boston: Sigo, 1985）。

14. 蕭塔•羅斯塔維里，《豹皮之王》（*The Lord of the Panther*），R. H. Stevenson英譯（Albany: State University of New York Press, 1977），P.5, 6。

15. 〈靠向午后〉（*Leaning in to the Afternoons*），聶魯達（Pablo Neruda）《詩選》（*Selected Poems*），Nathaniel Tarn編，Anthony Kerrigan, W. S. Merwin, Alaistar Reid, Nathaniel Tarn等人英譯（London: Jonathan Cape, 1966）, p.21。

2

孤獨的追尋

The Search for Solitude

孤獨之樂、孤獨之誘惑

就算人類真的天生就需要歸屬群體、需要有親近的感覺、需要有和人、和世界有關係的感覺，還是，有些人真的不僅不以孤獨為苦，還會宣揚他們喜愛孤獨，而且，我們大部份人，有些時候也會覺得需要有孤獨作伴。事實上，**人類追求孤獨，不論是出世或是入世的型態，都有相當長的歷史**。而不論出世或是入世，二者的根源都在同一種基本的渴望：追求超脫；二者也共有同一基本的誘惑：「渴望偉大」(fantasies of grandeur)。隱修的聖徒、沙蠻、宗教領袖之所以尋求孤獨，為的是要和上帝合而為一，這目的是很明顯的。浪漫主義的詩人退隱至山林野地，同樣也是為了追求深層的接觸——這時，他們追求的是某種昇華的詩情和創造。當今也有不少人說他們喜歡追求和另一領域聯繫，一種超越平常存在的狀態。除此之外，許多當代人刻意在孤獨裡建立他們各自的個體性。

許多人甚至故意選擇獨居（我們在談「孤單社會」時已經提過的一種普遍現象）。他們說他們要擺脫對別人的責任，需要休息，需要注入新的活力，需要沈浸在更高的喜樂裡面，需要進入孤獨和乎冥想狀態的美好靈性裡面。他們說的這種需求，通常便是一個人人格的發展歷程；當事人想要找到自己獨特的生命情調，不必屈就於社會的壓力。可是，這類追求孤獨的底線，以及潛意識裡的目標——不論是聖徒、詩人、或是個人主義者，追求的都是某樣超脫平凡的東西。在此，我要明指這追求的就是「超脫」。因為孤獨即使放在當今的世界，也是一種很不尋常的現象。

聖經裡說上帝創造夏娃，為的是要當亞當的配偶幫助他，因為「人獨居不好」。①所以，猶太傳統認為沒結婚的人，等於是半個人而已。這樣的想法和柏拉圖說的「一體兩面」(syzygy)完全一樣：男人和女人於創造出來時，原本是合而為一的，只是後來因為力量變得太強大，神祇無力駕馭，才將之拆解為二。②所以「偶」(couple)這樣的觀念，看來是生命的觀念裡非常古老的一樣基本意象，甚至可以說是原型的意象。人類生來就要屬於另外一個人的：配偶之所以創造出來，天生就是要在一起的。社群的一大基礎因而建立起來了，社會的穩定力量因而產生，人類的存續因而確保下來。

除此之外，依猶太教哈西德教派的宗師所說，唯有上帝是真正孤單一人的，所以這孤獨的上帝，還頗值得同情。③這是因為上帝是無與倫比的：祂不可能找到合適的配偶。也因此每當人類追求孤獨的時候，在某方面等於是在模仿上帝，拒絕接受上帝為人構想出來的狀態（依照聖經所述）。而這也是當今世人追求的生活。當今世人獨力選擇自己的生活情調，在某方面也等於是選擇自己的命運，自己決定自己的一切，僭竊神祇專有的權力，而不願聽命於上帝或是社會。我們也可以說他們想要和上帝比美，說不定還可以說他們認同上帝。這樣的說法看起來是有點太極端了，只能放在宗教的思想史裡面看，才看得出意義。不過，不論出世、入世傳統裡的孤獨人物，倒是真的浸浴在他們自己的神聖形象裡面。可是，一般而言，更恰當的說法可能是世人追求孤獨、製造孤獨、退縮到孤獨裡時，他們（可能是在潛意識裡）追求的是某樣超脫凡俗之外、凌駕尋常之上的優越感。他們追求的是卓越，一種不同於流俗，或是獨一無二的地位，可以和上帝比擬，或是和其他英雄人物比擬的地位。

孤獨和優越之間的關係，在史上各色各類的文化都找得到。例如孤單站在原野上的石柱，便像鑽石般，是特別稀有的寶石，位在特殊的情境裡，遺世而獨立。同理，但凡英雄人物，幾乎全都是孤獨的，要不至少也是孤單的（如史上的赫丘利士Hercules、尤里西斯 Ulysses，以及時間較近的獨行俠 Lone Ranger、超人 Superman，或是偵探小說裡的菲利普•馬婁Phillip Marlowe），都是堅毅勇敢但又孤獨的人；藝術家也一樣，過的日子通常為人譏稱為「悲壯的孤絕」（splendid isolation）。從這角度來看，為自己還有自己的能力，罩上一副超凡脫俗，甚至偉大、膨風的形象，是追求孤獨的一大誘因。把「追求孤獨」和「渴望偉大」劃上等號，即使在古代宗教領袖的故事裡，好像也找得到支持：史上許多著名的宗教領袖，都曾經遠離社會，在隱居的靈修當中和他們的神交會。他們因此而面臨許多誘惑和試煉，其中一大根本的誘惑，就是幻想自己超凡入聖。聖安東尼（Saint Anthony）如此，佛陀如此，耶穌也是如此。

在這一章裡，我們便要探討製造孤獨的各個面相：首先是宗教隱修的傳統，以及偉大的渴望在這各式各類的傳統當中，扮演的重要角色。巫醫、沙蠻、女巫以及古代的醫生，必須離群索居，就屬於這同一傳統。我們要由此檢視西方史上隱居傳統的變遷歷程。於此，我們會發現以信仰為動機的孤獨追求，只是這問題的一面而已。入世的孤獨追求，從文藝復興時期即已開始：掛上的名字是「個人主義」（individualism）。當代將「個人主義」和「獨立自主」理想化，可以視作是企圖重拾，甚至重建自我的感覺。社會若是無法提供個人所需要的共鳴，供個人確認其身分，這時，世人便會朝獨立和自由這類個人主義的路線，去追尋他自己的身分。於此同時，在當代這些主張獨立自主的人身上，其實還有另一種正好相反的需求，只是他們自己不太清楚就是了。那些大肆宣揚獨立的人，一般在心裡都深切渴望能夠享有「共生」的情境，而像韓瑟和葛瑞桃的故事裡的女巫一樣呼風喚雨。對內心裡這一深切的渴望予以峻拒或是頑抗——也就是「否定」(denial)和「逆轉」(reversal)——是對抗此一無時不在的無意識需求，典型的防衛表現。或者套用榮格的話來說，就是在集體的意識明顯遭某一理念主宰的時候，個人的心理自然會出現一面倒的情形。另一面仍然存在，只是落到無意識裡面去了，而且，愈是抗拒，就愈是強烈。

④在這裡舉個案例，可以將這現象說得更清楚些。

一般人在感情受創，覺得遭到誤解、遭到排擠的時候，常會退回孤獨裡去——也常套個美名曰：投至「自然之母的懷抱」。史上許多名人——從佩脫拉克(Petrarch)到盧騷(Rousseau)再到梭羅(Thoreau)——當然，還有其他名氣沒那麼大的人，都可以劃入這「回歸自然」的運動裡去。**一個人要重建他的身分認同以及自尊時，第一步，通常便是退回自然的孤獨懷抱**。可是，所有回歸自然的想像，同時也包含了共生的渴望(渴望未經分化的齊一，人類和自然之間、人和同儕之間不言自明的了解)，以及自以為是的堂皇宣言，宣告人類步向更美好的未來需要走怎樣的道路。不過，這樣的趨勢背後躲藏著少為人知的意識動機：這其實還是一個人因為情感受創、遭到污衊、輕視，在塵世受傷，才激得他要退回自然的懷抱裡去。這時，自然之母在當事人的心目中，當然就蒙上了一層慰藉、美好、只會為人類帶來美與善的光輝。我們從這裡可以再談到灰姑娘的故事，這位表面看來像是遭人遺棄的少女，她的孤獨雖然一開始的時候，像是被迫的，但到後來我們可以發現她這孤獨，有一部份其實是她自找的。灰姑娘在故事裡，藉由偉大的渴望，彌補了她被排擠的痛苦。可是，故事裡的發展，同時也告訴我們這位低自尊的少女，到後來居然一樣當得上王妃，一樣可以從無力和別人建立關係（和自己的感覺建立關係，也和別人建立關係）的精神分裂狀態，蛻變成為一位有能力建立關係的成熟女人。為了這番蛻變，她一定得坦然面對她自我孤立的處境，以及內心裡對偉大的渴望。灰姑娘的故事，為我們提供了一則從精神分裂狀態裡復元的典範。

追求孤獨的例子，有各色各類的變型。我們每個人都知道，我們一般在日常生活裡，也常想要一人獨處。而逼我們這樣做的原因，和千古以來逼許多人這樣做的原因沒兩樣：想找一樣我們身邊找不到、超越我們日常生活、凌駕在我們當下存在之上的東西。這一追尋，或許只是稍微遁入孤獨裡面，但是，這是**必要的孤獨——幾分鐘，或是幾小時、幾天。孤獨的追尋，另也可能具有更恢宏的意義：我們就是有必要孤獨一下，這樣才能將中斷的自我聯繫，重新建立起來。**我們的生命裡，也會有些歷程逼得我們遁入比較內向（introverted）的心境裡去。**心理發展在步入新階段時，一開始的時候，通常便需要退隱一下**，或許是因為這樣，才能在蛻變的混亂當中，維持自我認知的完整吧。例如在病中幡然退回自我，這時我們內心一定會有股衝動，想要把塵世擋在外面；這樣的階段，通常也就是過渡或是蛻變的階段。而在這光譜的另一端，是有些人會以退隱為存在的天然狀態：他們天生就需要孤獨。他們可能是很內向的人，也可能是精神分裂患者，或是我們所謂的「獨行俠」。**一個人可以享有多少孤獨才不至於被當作怪物來看，依社會而有別。如今，我們知道所謂的「孤單社會」，其實便是「獨身現象」（singles' scene）的現代版。**這等於是早年離群索居的嬉皮或是流浪漢，以及更早的天才或是隱士，於現代沒那麼怪異的翻版。

宗教隱居的傳統

我們在此不妨從隱士追求孤獨的傳統，來檢視這一現象。基督教會的歷史上，隨時找得到為了信仰而追求孤獨的例子。從耶穌遁入沙漠，到中古的神父、修女隱身隱修院（cloister，這是字源出自拉丁文claudere，意思是「封閉」），基督教會看來從一開始，就建立了於孤獨當中追求超越的傳統。艾維拉的德肋撒（Teresa of Avila）記述她那時代的隱修生活⑤，讓我們了解一些像她那樣認真追求靈修的人在避世隱居的生活裡，日常的作息是怎麼過的。她在她的回憶錄裡，講到在她隱修院裡那些「無聊的嘮叨絮語」。隱修院裡的修女，常有家人朋友來訪，一見面就講個不停——而且，我們若將德肋撒的話當真，她們講的還全是些絮絮叨叨的家常瑣事；那麼，她們根本沒多少時間用在思索更重要的信仰上面。看來當時——十六世紀的西班牙——宗教的隱居生活，規矩不怎麼嚴格。可是，隱居靈修的傳統，似乎還是不同時代、不同宗教裡普遍的現象。古代信仰虔誠的人，似乎都覺得擁有宗教信仰，就必須排斥物質世界——物質需求——這樣才能超脫，才能和神有更密切的接觸。犧牲生活享受和人際交往，似乎是建立更高尚的精神生活慣常要有的方式。遠古有個例子，就是摩西，他曾一人爬上西奈山頂，以求聆聽上帝的訓誡，取得上帝的十誡。山頂於象徵意義上，代表孤獨和崇高，是卓然獨立的世界，遠離凡俗和瑣事。而在山腳，庸碌的俗人則在膜拜金牛——這是比較原始、文化比較落後的崇拜偶像，因而也屬於比較低下的草食神祇（vegetation deities）——同時還在抱怨沒水喝。摩西必須擺脫掉這一切，超越這一切，找個地方讓他可以和上帝交會。這意象，便是隱居以及和基督宗教緊密結合的「靈修」（exercitiae）傳統背後的基本意象。不過，大部份的宗教，都有追求孤獨、遁入崇高處所的意象。我們只需回想佛陀的故事即可，他放棄榮華富貴，追求精神上的超脫，流浪了六年，最後是在一株菩提樹下打坐，等待開悟，他要在那裡坐上四十九天，才會從悉達多・喬答摩（Siddhartha Gautama）蛻變成「佛陀」——開悟的智者。

而在那株菩提樹下發生的事，也可以多告訴我們一些躲在孤獨裡的誘惑。這些說的是一場戰爭，說的是荒野裡的誘惑，因此也等於是和孤獨有特別關係的誘惑。故事是說

「內魔」在佛陀打坐的時候一下攻擊他，一下揮軍來犯，一下降下各種天災——狂風暴雨、亂石、熱煤、火燙的煙灰、沙泥、黑暗等等，全都往他身上灑。內魔進而再質疑佛陀是不是有資格在這裡打坐：質疑他的價值。可是，佛陀始終不退縮。有關這些試煉的記載，沒有更進一步的細節，可是，我相信這些試煉，都和佛陀內心裡翻騰的偉大渴望有關。首先，記載裡明明白白提到佛陀和內魔爭辯他是不是有資格在這裡打坐：這裡說的明顯就是自尊的問題。第二，以心理學的角度來看，佛陀擺出過於謙卑的姿態——把一切榮華富貴全部丟掉——其實正是一種同樣有害，只是比較偏向無意識的反面傾向的補償心理。我們在前一章裡已經談過，意識裡的心態，朝某方向走得有多極端，無意識裡朝反方向走，也就有多極端。第三，投身大自然的力量，承受各種天災，很容易讓一個人自覺出類拔萃、高人一等。一開始會選擇迎向大自然的無情力量，等於在向大自然的力量挑戰：將一己暴露在自然裡，是在向上帝和自然下戰書。第四，若是獨處所得的結果能證明什麼的話，那麼佛陀的獨處經驗讓他成為重要的宗教人物。第四，佛陀選擇遺世獨立，選擇退居在社會之外，是有意識的抉擇，意在追求更高遠的東西，比人際來往的正常世界更高尚、更有價值的東西。這些看起來全都可以證明：渴望偉大真的是追求孤獨的一大內在動力，佛陀的故事便是見證。

不過，我們在這裡還是以聖安東尼的故事為主，因為他的名字幾乎就和誘惑劃上了等號。在這故事裡面，來到遁居沙漠的聖安東尼面前的，不是內魔，而是基督教裡的魔鬼。魔鬼來了之後出了什麼事，一直是歷代畫家很感興趣的事，其中最有名的是格呂內瓦德（Mathias Grünewald）、杜勒、荀格爾（Martin Schongauer）、波許（Hieronymus Bosch）、布魯蓋爾（Peter Breughel）、德尼爾（David Teniers）、維拉斯奎茲（Velasquez）、丁托雷托（Tintoretto）、提耶波羅（Tiepolo），時代較近的則有安瑟（James Ensor）、雷東（Odilon Redon）、貝克曼（Max Beckmann）、恩斯特（Max Ernst）、達利（Salvador Dali）等人。這些畫家筆下的場景，都反映出聖安東尼經驗的神祕面。例如波許筆下的詮釋（見圖4，列於本書二六七頁），直到現在都還教藝術史家大惑不解，光是為了拆解畫意的專論，就有一大串。⑥畫中眾多的象徵，當然製造出了痛苦的印象，可是，除此之外，畫中的痛苦還包括女性和食物，這就有點難以理解了：波許到底是怎麼看這誘惑的呢？法國文豪福婁拜（Guastave Flaubert）在一八四五年到里斯本遊歷的時候，看到了這幅畫，就被這幅畫迷住了，而寫下了一篇《聖安東尼的誘惑》（*La tentation de Saint Antoine*），而且，一寫二十多年未能罷手。⑦福婁拜對這故事的解釋倒還相當清楚：這位古埃及聖人碰上的誘惑，就是他的驕傲。

福婁拜將這位隱士刻畫成備受夜間幻象折磨的人；而領他走過夜間探險的嚮導，是他以前的學生希拉瑞昂（Hilarion）。可是，希拉瑞昂其實就是魔鬼的化身。他做的第一件事，就是責備聖安東尼犯了驕傲之罪，聖安東尼那時還只是卑微的苦修隱士。這一指責揭露的真相，教聖安東尼駭然頓悟。到了幻象不斷的那晚快要結束的時候，這位自願苦修的隱士看見了生命的起源，渴望和宇宙合一。所以，在這裡，我們看見了韓瑟和葛瑞桃故事裡的「參與奧祕」（*participation mystique*）。渴望和整個宇宙融合為一的共生慾望，和他內心不為人知的偉大渴望有關。在看見了人世生命的起源後，聖安東尼等於是擁有和上帝差不多的地位。聖安東尼和佛陀一樣，選擇把自己放在最卑微、最孤獨的境地裡面。他當然渴望超脫，渴望超凡入聖，渴望凌駕在凡俗之上。可是，在這慾望後面是什麼呢？難道不會是如福婁拜所說的，渴望高人一等的地位，渴望權勢，渴望在聖徒之列留下萬古不滅之名？

其實，不管這是驕傲的誘惑，貪婪的誘惑，還是性的誘惑，聖安東尼在他那時代，還是成為了著名的靈療術士（healer）。他其實有兩張臉孔，分別呈現在畫中的兩種畫法上面：一種是安東尼這位隱居在沙漠苦修、飽嘗魔鬼誘惑的修士。另一種是法力高強的靈療術士，凡是有求於他者，他都可以在他們身上顯現神蹟。所以，聖安東尼除了是窮人、病人或是家畜、牧人、屠夫和毛刷工人的守護神之外，同時也被世人奉為騎士的守護神。聖安東尼既然是騎士的守護神，因此也有許多教堂、聖壇、城堡以他為名。⑧凡・貝恩（Albert von Bayern）甚至在一三八二年以聖安東尼之名，成立了「聖安東尼騎士團」（Holy Order of Anthony）。聖安東尼可以說是我們現在熟知的幾位獨行俠的原型人物，不論是錢德勒（Raymond Chandler）偵探小說裡的主人翁菲利普・馬婁，或是超人皆然。**真正的英雄，其實都是孤獨的。**

耶穌在沙漠獨處四十九天，和聖安東尼還有佛陀的遁世隱修，顯然有異曲同工之妙。耶穌在這四十九天裡，一樣過著苦修的生活，一樣齋戒，一樣遭魔鬼誘惑。而耶穌碰上的幻象，是否就是他渴望偉大的想像？由於相信他便是上帝之子，因此，他拒絕以石頭做麵包，拒絕從神廟頂跳下來。他也不願接受魔鬼願意給他的王國。可是，馬太（Matthew）和路加（Luke）都說耶穌就是從這開始，擁有顯現神蹟的能力。這名聲是否即為驅策他孤獨隱修的外在動機呢？在這裡，就如先前所提的例子，耶穌追求的一樣是超凡入聖。可是，耶穌在內心裡，可能還偷偷渴望可以成為一支新興宗教的領導人，因此希望他的超凡入聖，他的出類拔萃，可以得到他那時代以及後世的肯定。所以，魔鬼要給他的王國，和他力抗魔鬼的誘惑而能得到的東西比起來，根本不值一哂。**只要他拒絕魔鬼的誘惑，**

他就可以成為孤獨英雄，而事實也真是如此：雖然只有區區幾位信徒，但他終究贏得了舉世的信奉，而且可能還是因為他拒絕了塵世的王國，才贏得了舉世的崇敬。許多讀者可能會覺得這樣的說法有污衊耶穌之嫌，可是，耶穌孤獨隱修所走的路線，我們已經知道有歷史上的典範，所以，再怎樣也難脫這一事實。

從這些宗教神話、傳說或是故事裡的相似點，我們可以發現追求孤獨的誘惑裡面，具有幾項元素：

1.退處孤獨的荒野；

2.拒斥食物、飲水之類的物質需求；

3.拒斥人際交往之類的精神需求；

4.任自己承受自然力量的摧殘；

5.出現提出各種誘惑的人；

6.對當事人提出各種挑戰，特別是對當事人自尊的挑戰；

7.願意給予當事人財富；

8.通過孤獨苦修的試煉之後，當事人蛻變成為聲名遠颺的宗教領袖，通常具有

靈療或是顯現神蹟的超凡能力。

這些事情放在心理學該怎麼說呢？我們首先得想到，以古代的真實物質條件來看，孤身獨處荒野，身在社會之外，不只是很罕見的事，甚至是很危險的事。這些隱修的人，不是從一個社會跑到另一個陌生的社會，而是到完全沒有人煙的地方——荒野之地，遠離人類的文明。在這樣的地方，人類的呼聲是得不到回響的。而且，我們也都知道，遠離所有世人，獨自在私密之處（例如在浴室的鏡子前面，身邊再無旁人）的時候，我們心裡祕密的想像常會一湧而出。這些孤獨的宗教人物，不需要食物、飲水，可能是因為他們有想像便活得下去，他們有的是未來名聲的想像。和齋戒有關的另一點，是斷絕飲食在極端的狀態下會引發幻覺。所以，拒絕正常世界的正常物質需求，很容易覺得自己和平常的世界、和平常人有所不同：既然與眾不同，便是高人一等。不需要正常人需要的飲食，容易教一個人覺得自己不需要任何外物外力。所以，隱居的宗教領袖，顯然對自己的特殊、自己的獨立、自己的力量，擁有自以為偉大的想像。在此我要附帶提一句，拒絕正常飲食的齋戒，在今天就是所謂的「神經性厭食症」（*anorexia nervosa*）。這種拒絕正常飲食的心理疾病，通常附帶有從周遭世界退縮（通常是情緒上的退縮），以及渴望出人頭地的慾望。

遺世獨立在這些宗教領袖所處的時代裡，是相當罕見的現象，因此有膽子這樣做的人，自然顯得與眾不同。而將自己暴露在大自然的力量下，是這遺世獨立的現實面：在大自然的荒野裡面，一無庇護。在歐洲的溫帶氣候裡，這點不太容易了解；可是，在我們談的這幾位宗教領袖所處的地方，氣候比較極端，在那樣的地方即使只是暴露在外相當短的時間，一樣相當危險，相當大膽。這等於是向大自然下戰書，因而也等於是向上帝下戰書。放在內在的心理來看，遺世獨立等於是踏入杳無人煙之地，踏入未知之地，在荒野裡一無保護。可是，那荒野又是什麼呢？一定是遠在社會疆界之外，在社會找不到的地方。以我們談的主題而言，我們可以說這便是偉大的渴望。我們知道大部份的文化都鄙棄驕傲，甚至對不夠謙遜的人，都會施以嚴厲的懲罰。古希臘人說的「驕矜」(*hubris*)，和古代基督宗教說的「虛榮」(*vanitas*)，便是這樣。

而在這些宗教領袖的生命歷程裡，這些誘惑——不管是魔鬼還是內魔——一概都會被打敗。魔鬼或內魔拿出來的，都是誘惑：引誘當事人放棄對偉大的追求，可是，追求超凡入聖的力量，到底還是比較強大，終究會打敗誘惑。魔鬼的誘惑不夠強，和當事人抵抗誘惑所能得到的比起來，不夠好。佛陀和耶穌都被誘以永生不死，可是他們拒絕了，或許是因為他們相信他的目標比較崇高吧：他們相信自己負有使命，只要他們抵抗得住誘惑，終會開創出重要的宗教運動。所以，他們的故事可以這樣來看：他們雖然遭自己的偉大渴望蠱惑（孤獨讓他們沈入他們以前未曾探索過的心靈領域），但是，他們最後還是拒絕認同這些蠱惑。他們的想像就是他們終究抵抗得了誘惑。因此，他們的想像終於成真。

這些故事裡有個重覆出現的主題，於我們要講的課題非常重要。我們不論是看這些神祇的傳奇故事，或是看沙蠻、巫術甚至古代的醫術，我們都看得到同一基本主題反覆出現。在這些特殊人物的特殊命運裡，孤獨所佔的重要地位一直十分醒目。透過另一存在世界的力量來幫助我們這世界的「靈療術士」，一般都是：

1. **和社會格格不入的人，要不就是至少有一段時間是生活在社會之外的人；**
2. **和另一存在世界有特殊關係（超凡入聖）；**
3. **也因此一般被當作擁有特殊的治療能力。**

這類人在他們遺世獨立的隱居處所裡，和一般大眾是迥然有別的；他們活在相當不同的環境裡，享有和神明打交道的特殊地位。例如沙蠻一般都住在村子外面，通常都是些怪里怪氣的人物。他們舉行的通靈儀式，也都必須在和社會隔絕的情況下舉行。女巫同樣也不是普通的女人，而是遭社會摒棄，住在村子外面女人。一般人指她們和魔鬼有特殊關係，因此才可能「遭魔法附身」。可是，這些女人若真有什麼特殊的力量的話，那也是因為她們對大自然的了解比一般人多。古印度的醫療活動，都是由浪人或是猶太人來做的：碰另一個人的身體，特別是病人或死人的身體，在印度是禁忌。有誰做出這樣的事，就不再適合進行正常的人際接觸。這樣的人會被平常的社會摒棄，可是在患病之時，卻又是大家徵詢的對象。猶太教將這樣的價值觀顛倒過來，說照顧死者的人是特別尊貴的人。可是，這和我們剛才說的沒有牴觸。這些人之所以特別尊貴，因為他們把別人視為禁忌的事承擔了下來。為死者淨身是善行，是功德，因此值得稱道——不論在今生或是來生，都一樣。

沙蠻、女巫、醫生和大自然擁有特殊的關係，是他們具有治療能力的基本條件。而他們生活在比較沒有庇護的環境裡，也就是和大自然的關係比較密切，也是他們和大自然關係的重要部份。佛陀、耶穌還有聖安東尼，全都能夠抵擋自然的力量，沙蠻、女巫、醫生等等則利用自然的力量，例如草藥，來治療疾病。自然的「藥效」，便是他們稱霸的領域：他們熟知自然的力量，可以隨心所欲運用自然的力量。這類孤獨的靈療式人物，於根本上就必須和自然結為一體：自然便是他們存在的根本，一般人也認為他們是和大自然合而為一的，甚至可以用我們現在的用語，說他們和自然的關係是「參與式」或「共生式」的。平凡的人類社會和平常的人際交往，於他們都是相當陌生的事。也就是說超脫的世界和耶穌、沙蠻這類人的距離，比周遭的生活都要近：和精神力量建立起更深、更密切的關係，便是這類孤獨靈療術士能力的來源。從靈療，我們就可以推到偉大的渴望：這時的偉大，是由平常人投射到靈療術士身上的。而這些人之所以出類拔萃，之所以異於常人，或許就是因為他們拒斥這些渴望，拒絕認同這些渴望，因而高人一等，而成為宗教領袖。

這現象最鮮明的例子，或許就是**康拉德**（Joseph Conrad）在《**黑暗之心**》（*Heart of Darkness*）描寫的那位羅馬式反面角色。在這本書裡，看來聰明絕頂、才華洋溢的寇茲（Kurtz），奉他殖民地雇主之命，到荒野去工作，而在荒野的孤獨和寂靜裡，淪為他自己偉大渴望的奴隸。如他在這孤獨追求即將告終之時所言：

「我有偉大的計劃（……）我就站在偉大的門檻上，」他哀哀懇求，口氣裡的不捨，教我聽了齒冷。⑨

他最後變成了白人巫醫，備受當地土著崇拜，個個甘為他的奴僕，將他奉若神明。在那未開化的叢林深處，黑暗的力量虎視眈眈，伺機欲出——若是放在宗教的角度來看，甚至可以說是魔鬼的力量。馬婁（Marlowe）是書中的敘述者，他就說：

你怎能想像一個人不受拘束的腳步，經由孤獨——完全的孤獨，一無監督——經由寂靜——完全的寂靜，無人對他說出公眾的意見——會帶他走到怎樣原始的地步。⑩

這也就是考柏所說任他「睥睨一切」的世界（見第一章）。在「君臨所見一切」之餘，隱藏著沈迷在睥睨一切、妄自尊大的危險。如我們在韓瑟和葛瑞桃的故事裡所見，一個人無意識裡的想像，通常特別旺盛。可是，寇茲沒有能力將他內心裡這類自命不凡、半神的自我形象，放在它們該待的位置上，也就是說他沒辦法將這類形象推到火爐裡去。他反而將這類形象在現世裡搬演了出來，任由這類意象帶領。和寇茲比起來，古代的宗教領袖可能比寇茲，更有能力善用他們內心裡自命不凡的那位白人巫醫：因而大部份得以成為備受愛戴的靈療術士，或是通達神蹟的人。他們的名聲，便來自他們的恩惠。

當今孤獨的追尋，一般都是入世的。不過，**孤獨的想像，像是一對戀人**，或是離群索居的藝術家，依然透露出明確的精神寓意。只是在接下去談這方面的問題時，我們得先看看我們現在這時代裡較不常見的一種宗教性孤獨追求。

性靈復甦運動
當今之宗教隱修

近年來，隱居靈修的風潮再起，這種風潮的根由，雖然曾經出現在基督教壯大前的摩西和佛陀的身上，但是，這依然算是天主教的一支傳統，應該說是由本篤教派的蒙地塞拉修院院長賈西亞・狄・西斯內羅（Garcia de Cisneros，1544—1610）開創出來的。這運動叫作「精神修煉」(*exercitia spiritualia*)，是一種**性靈復甦運動**。在我們庸碌如斯的世界裡，少有時間、空間供我們獨處靜思，對於性靈復甦的興趣自然也不大。不過，隱居靈修的風潮再起，似乎說明我們這時代有一些對於性靈，要不至少也對性靈滋養的需要日增。事實上，這類隱居靈修於我們是十分寶貴、十分有用的。不過，隱居靈修也可以被一些人用來當作逃避問題的藉口，特別是我們天天不得不碰上的人際問題。隱居靈修就和任何一種退隱一樣，可以成為社會接納的逃避衝突法。**遁入孤獨當中，可以讓一個人強調自己與眾不同**，保障自己與眾不同；可是躲在後面的，卻是偉大的渴望，以及深埋在無意識裡的共生渴望，這類渴望通常都被當事人投射到自然裡去。**當今也有一種披著宗教外衣的孤獨追求，相當流行**，只是，表面上未必看起來像是在追求孤獨：加入教派。這類的集體隱居靈修，或是離群索居，未必一定形諸於外，可是，這類教派及其成員，通常將自己和社會劃出一條清楚的分界線。這樣一來可以給自己劃出特殊的地位，因而顯得與眾不同（參考前述之孤獨鑽石solitary diamond），一來和整個社會劃清界線，也可以使成員之間的凝聚力更加鞏固：與世隔絕的小團體，成員之間唇齒相依的情形，會形成共生關係，而以共識和和諧為依歸。這樣的教派裡，常會瀰漫狂熱的情緒，主要是因為教派裡的支配性（Absolutheitsanspruch）和價值觀的關係。這樣的地位，讓教派的成員有高人一等的感覺：我們敢和別人不同，因此而孤單，也因此而高人一等。這樣的團體通常在無意識裡會加強成員的自尊，甚至挽救成員的自尊，他們的成員常常都是自我認同、自尊心比較不穩固的人。而這樣的團體將自己與世隔絕，也正提供這類提高地位的基礎。所以，我們在這裡可以看見這類教派和古代的宗教領袖離群索居，獨自一人到荒野隱居一陣子的作法，非常類似（甚至可以說是效法）。

於此同時，東方宗教於西方世界也有興復之勢。歐美各地最近都有一股東方的冥想熱，也常以冥想作靈修。在此我想說一個人的故事，我們姑且叫他蓋瑞，他在轉向心理分析前，作了幾年的冥想靈修。我們等一下就會發現，他深層的內在動機其實是和我們現在討論的主題若合符節：由於覺得無法從他周遭的人、事取得支持和了解，而在無意識裡深深渴望得到溫暖，得到他一直無法得到、而他也覺得不太可能得到的溫暖，因而希望從冥想靈修當中，重拾自己的價值，追求和大自然天人合一的感覺。蓋瑞來我這裡的頭一個小時，全花在讚美禪學、批評心理分析上面。他只把自己放在禪定的情況下談，而且也只在這背景裡才會談他自己，好像他純粹只是個整天打坐禪定的人。禪給他帶來了目標——和天地合一——也為他勾劃出他可以據以生活、行動的道德架構。

蓋瑞顯然覺得這類東方的冥想，在他的生活投下了重大的意義，不過，這一點放進他現在也轉向接受心理分析的情況裡看，重要性就比他以為的要大了。他覺得禪定可以平靜他的心思，為他的生命樹立有價值的目標。可是，蓋瑞還是個十分緊張的人：他說話的時候，不時會搖搖腳、抓抓臉；這幾樣小動作洩露了他的內心。他覺得禪定教他學會專注在當下，對他的事業頗有幫助。他是一家商業藝術公司的老闆，工作相當緊張，而他並不特別喜歡那工作。他每天打坐至少兩個小時，就是想把一天累積在他身上的壓力掏空。他也依照禪宗的作法，專注在工作上，避開分神的想法和事情。可是，蓋瑞坐禪的無意識動機，表現得很清楚，分明和我們上面說的追求孤獨一樣：他追求的是逃避衝突，他追求的是高人一等，他追求的是和自然之母建立共生的關係。他追求的這些東西，是要補償他對自己的不滿，是要補償他在人世裡要不到的美好，是要補償他童年不愉快的環境，以及不好的母親。這一切追根究柢下去，其實就是他有個被遺棄的靈魂，一個無法和蓋瑞產生共鳴的靈魂，一種把他扔進沮喪的深淵或是對整個世界都不信任的情緒。

首先，逃避衝突：禪讓蓋瑞有正當理由可以避開別人。他有更高尚的事要做，所以不必去管日常生活裡的庸俗瑣事。蓋瑞從很早開始，就有兩大困擾：他對自己的價值看得很低，於情緒上深切需要別人給他溫暖、和他交流，卻始終無法滿足。他甚至不肯承認他有這些需求：他認為反正沒有人會願意給他這些。在他坐禪之前，他過的是很孤單、很憂傷的日子。他很怕見人：他覺得他們一定都會笑他，都會覺得他很差勁。所以，開始坐禪後，他就可以逃避人際來往，至少可以將人際來往壓到最低，因而也可以逃避懷疑自己這種不愉快的感覺。

蓋瑞的生平資料，在這裡沒有多少用處，可是他嚴重的自我懷疑，老是不相信自己的價值，加上內心裡深切渴望得到別人的接納、別人的愛和了解，這些全藏得好好的不為人知，而且連他自己也不願承認，都一一說明了他為什麼會那麼著迷於禪定。蓋瑞退隱的地方，不是基督教的隱修院，而是禪定的世界。他需要和別人交流、需要覺得和別人有聯繫、需要覺得有人關心他、需要有人可以關心，這些，他全都轉移到大自然裡去了。他酷愛自然，喜歡在林子裡一走就走上幾個小時，還會和林子裡聽到的聲音、看到的東西建立關係。自然之母於他，等於是母親和整個人類環境的替代品。蓋瑞希望可以和自然融為一體，和花朵樹木雲影水光合而為一。禪宗裡常描述這樣的情境，蓋瑞以之為他坐禪的最終目標。而從心理學的角度來看，這目標可以看作是因為和人世——其實也就是和他自己——缺乏交流，因而生出的深切饑渴，而以禪定作為補償。避開人際接觸，專心在打坐上面，能讓蓋瑞忘掉他的低自尊。這時，沒人會排斥他，沒人會讓他覺得他們不喜歡他，沒人會讓他覺得他不如別人。他在隻身打坐的時候，甚至還可以覺得自己高人一等：他可以長時間坐禪，不吃不喝，這可是禪宗的高僧才做得到的。所以，在這方面他可不是無名小卒。他做的這件事，可是絕大部份的世人都做不到的，或是連想都想不到的。所以，他在坐禪的時候，對自己的感覺會好一點。蓋瑞就像我們先前提到的宗教領袖、沙蠻、巫師等等，排斥一切世俗的名利誘惑。他的目標更為崇高，更為偉大。

但是他對自己、對世界的這項看法，不巧未能如他所願；他還是非常看重人類社會的價值。每次有人看不出來他的價值、他高人一等的時候，他都會生氣。他把很多時間和力氣，都用在賺錢上面，他要賺到很多、很多的錢。他賣力工作，購置房地產，而且計劃愈多愈好，決心要成為富翁。他雖然遁入禪的世界，看來像是拒斥這個世界，但是，他的價值觀還是屬於這個世界的。雖然他盡量避免和人接觸，以維持他高人一等的優越地位，但是，每次他在社交場合碰到人時，他還是覺得自己低人一等。而蓋瑞也不是不知道他生活裡的這些矛盾，因而才會來做心理分析。他知道雖然他內心常懷超凡入聖的想像，但是他內心裡的負面感覺，就是揮之不去。事實上，他這高人一等的渴望，正是他自尊低落的反面。我們可以說他這樣，正是要補償他對自己的負面看法。他對自己偉大的渴望，高超的目標，要成為大富翁的計劃，全都無法幫他克服他對自己不好的想法。

同理，他需要和別人交流、他需要和別人接觸、從別人那裡得到溫暖的人性需求，他在意識裡老是排斥，但在無意識裡卻無法消除。他換過一個女友又一個女友，老是在追尋歸屬感。他也想從禪定裡求得天人合一的感覺。他心裡隱約知道這些矛盾，但是，他就是沒辦法在意識裡承認這些矛盾。

蓋瑞追求的孤獨，放在他個人的層次上，反映的是我們古代宗教領袖相同的特質。不過，他天人合一的慾望裡隱含的共生渴望，他偉大的渴望，補償的是他心理上的需求——他的低自尊，他覺得被排斥，他覺得被看輕的感覺。這些都是自戀的困擾症狀，指出的是內心深處沒有意識到的愛和肯定的需求。只要這些需求得不到肯定，得不到認真看待，蓋瑞努力尋求的慰藉——不論是從大自然，或是從禪定、財富裡尋求的慰藉——全都徒勞。心理治療分析的過程，特別是在過程裡幫他反省自己，而讓他能夠把自己深層的自我從孤立當中解救出來：就是幫助他重建自我的概念，重建不孤單、有價值的感覺。這時，孤獨或許才可以在他的生活裡，扮演起比較符合人性、比較健康的角色。而他的坐禪，也才可以成為他面對生活裡的匱乏時，有意識的解決途徑。

蓋瑞這例子絕不是孤例。許多喜歡打坐、冥想之類活動的人，都有和蓋瑞一樣的動機。例如有些人喜歡做些相當費神，需要一人花上好幾個小時才能完成的嗜好或運動。

他們需要鞏固自己的自尊，需要避開和別人的衝突，需要和大自然或是音樂、動物合而為一。當然囉，並不是每一樣需要在孤獨當中進行的怪異癖好，都是這樣的目的，但是，有許多真的都是如此。這種情況裡有害的一面，在於當事人沒意識到他內心真正的目標。一旦當事人了解他為什麼需要這類孤獨而且通常是以自我為中心的活動時，他們和這類活動之間的紐帶，跟著就鬆脫了。他們就會變得比較靈活，願意以比較直接的方法，去面對自己內心裡的需求。唯有承認了這些需求，才會有所成長，我們在韓瑟和葛瑞桃的故事裡就看過了。倒也不是每一種隱居靈修，都是為了補償內心裡未得承認的需求，可是，有些真的是這樣。

歷史題材中的孤獨

我們這時代比較常見的孤獨追求，都是入世的，可是，看看這**個題材在歷史裡的面**

目，就會發現出世和入世兩種孤獨的追求，各有其傳統。每一歷史時代，各有其關於孤獨的意象，在此，我要略微勾劃一下不同歷史時代裡的原型孤獨意象和格調，循而指出有些因素是不論何時何地皆然的。之後，我們再要回到當代的孤獨追求，以及這些追求背後的心理動機。而從我接觸到的一些分析案例，也可以進一步闡明這方面的問題。

文藝復興時期是非神職人士也開始對避靜靈修感到興趣的時代。**佩脫拉克在一三四六年寫就了《孤獨生活》**（*De Vita Solitaria*），在文章裡說明他為什麼喜歡獨處：他愛書，看不起世俗的品味，希望建立他個人獨有的性格。佩脫拉克追求孤獨，為的是要建立個體性。可是，這並不表示他過的是清心寡慾的隱士生活。他只是喜歡身在四下無人的荒郊野外，因為田園風光才適合他的心境。大自然的背景於追求孤獨，幾乎是普世皆同的條件。可是，**文藝復興時期的孤獨追求**，我們可以名之曰「人文式」的孤獨追求：那時之追求孤獨，雖然帶有鄙棄大眾品味的成分，但並非鄙棄人類和文化。**他們的目標倒不在脫離人群，而在親近自我**。文藝復興時期對孤獨的看法，和中古時代大異其趣：中古時代對孤獨的看法，焦點完全放在宗教上面。神職人員隱居，全是為了和上帝合一，為了進入超脫的境地。可是，到了文藝復興時期以後，追求孤獨的情調，重又偏回宗教面去了。**巴洛克時代的人，追求孤獨為的是要逃脫世俗的墮落**。他們在孤獨裡懲罰自己犯了世俗之罪，祈禱上帝寬恕。例如葛里菲奧斯（Andreas Gryphuis）寫的十四行詩，〈孤獨〉（*Einsamkeit*），便將詩人放在荒野當中：

在荒僻遠甚的孤獨之境
伸展在苔蘚湖畔的雜草之上
遠望谷地及山巖之巔
母羊及沈默鳥兒築巢之處

從這遠眺的景致當中，他清楚看見人類的命運，哀歎人類不論貧富，一概蒙受虛榮之害：

於此，遠離宮闈，遠離
販夫走卒的貪慾
思索人類浪擲在虛榮裡的生命

沒有了上帝的支持，萬事萬物注定顛躓失足：

萬事萬物若無上帝賦予之精神，注定失足

對人世的生活懷抱這麼悲觀的敵視態度，孤獨便成為一個人看待塵世虛榮、反省塵世虛榮的理想角度。隱遯式的孤獨追求裡，顯然隱含著這位自我放逐的孤獨靈魂某種自我標榜的心態。他不只是遠離塵囂，他還高居在塵囂之上。

到了洛可可時代，孤獨的氣味幡然一變。這時期的特色是追逐感官之樂，怪的是卻也重視孤獨，而他們重視的孤獨當然也大異其趣。這時的人講究的隱遯——不是孤獨一人的隱遯——而是跟著一小群特定的朋友一起隱遯，共同沈醉在自然的幽僻裡面。要不就是愛侶相偕遁入陽光燦爛的自然美景。華鐸（Antoine Watteau）畫的田園風光⑬，便充分體現當時在大自然裡看來並不私密也不孤獨的情境裡的感官之樂。自然在此，是這些人追逐感官之樂的背景，畫中人顯然樂在遁入自然、遠離塵囂。不過，這裡有些相當特別的地方：⑴他們的隱遯之樂，不是孤獨的隱遯，而是要偕同幾位志同道合的好友，共同隱遯。⑵畫中是一片燦爛的景致，教人悠然神往，而遁入這樣的美景裡面，應該不是為了脫卻塵世羈絆，也應該不至於覺得悵然若失，或是和更玄奧的世界合而為一。這時的自然，應該是他們另一個美好的人世，他們之「遁入自然」，應該和我們現在星期假日到郊外踏青一樣。所以，洛可可時代應該就是我們現代人一般投身大自然的歷史範型。

啟蒙時代有兩大趨勢，一是出世的，一是入世的。在這時期，虔敬派（Pietist）的信徒遁居修士會，與世隔絕，希望在孤獨的生活裡和上帝建立起精神的交會。入世型的隱居，在前一時期是相對的孤獨，但在這時則是暫時離群索居，紓解一下生活壓力，重新養精蓄銳。齊默曼（J.G.Zimmermann, 1728—1795年）在他寫的一篇重要論文，《孤獨時刻》（*Ueber die Einsamkeit*, 1785年）⑭，就是以這樣的角度來談孤獨的。這一時期或許和我們這時代最為近似：因為我們也一樣希望有短暫遁入自然獨處的時候，讓我們暫時脫離人際接觸的壓力。這時期的人，說起暫時離群索居的企求，特別響亮、特別流利的是盧騷（Jean-Jacques Rousseau）。在下文裡我們會仔細談一下他的故事，因為我覺得他是當今我所謂的「創傷式隱遯」（wounded retreat）的模型。盧騷離群索居，遁入鄉野，為的是要反省他自己和他的生活。他把時間都花在研究自然、探索自己的靈魂，以求了解自己和他在社會裡體驗到的一切。而埋在他內心深處，他自己比較沒意識到的動機，其實是想要從大自然裡求得慰藉，治療他飽受時人中傷、排斥、輕視而傷痕累累的靈魂。他一心渴望得到世人了解、尊敬、仰慕，但他得到的全是鄙夷和排斥，逼得他不得不投入自然之母的懷抱。盧騷一而再、再而三逃離巴黎的都會之惡（例如先是逃到「隱盧」L'Ermitage，再來是莫赫西山 Montmorency，路易斯山 Montlouis，最後瑞士的小村），為時都不短，這在他那時代並不常見。啟蒙時代的人是蠻喜歡偶爾沈浸在荒野的孤獨裡。他們覺得平常社交廣闊的人，投身大自然的孤獨綠洲，偶一為之是相當健康，可以恢復元氣的小憩。所以這時代的人，也花了很多力氣建築專供隱遯的居所。例如，瑪麗・安東妮（Marie Antoinette）便有專屬的小屋，供她個人和倖臣使用；而小屋的佈置，純粹為了供她的倖臣在小屋裡為皇后扮演牧羊人和牧羊女。卡爾・尤金公爵（Duke Karl Eugen）在司圖嘉（Stuttgart）也建了一棟宮殿，由於是專供他獨處之用，因此就叫作「獨居」（Solitude）。貴族的茶亭（tea pavilion）、鄉間別墅（例如盧騷一七五六至五七年大部份時間卜居的狄皮奈夫人 Madame d'Epinay 的「隱盧」），狩獵別墅和避靜別館等等，都是當時人特別建來一饗他們孤獨癖——或者該說是他們自以為是的孤獨——的典型建築。

但是到了世紀末的時候，時人追求孤獨的情調，有了明顯的變化。對這時期的浪漫派而言，孤獨特具憂鬱的況味。被所愛拋棄的人，遁入孤獨之中，表面像是獨自啃嚙心中的痛苦，實則沈湎在這種抑鬱的情緒裡面，說不定還可以說是享受。熱戀中的情侶，一樣喜歡遠離人群，相偕遁入僻靜的自然美景裡面。而他們沈醉的自然美景，還外帶一份他們親近廢墟、墓園的雅趣。十九世紀上半葉的歐洲人，時興耽溺在「塵世之悲」(Weltschmerz)的情緒裡面‧‧這人世如此庸俗，超凡的精神勢必遁入孤獨。叔本華(Schopenhauer)的思想，便是這類想法的哲學背景。而唯有經由孤獨才能得到的生命目標，是自足和自立。由於人世缺乏意義，虛無因而比較可取。**尼采**(Nietzsche)的思想在十九世紀中葉、末葉影響很大。由於自覺天生便是哲學家兼隱士，他說**孤獨便是他的原鄉，他純粹、美好的原鄉**。赫諾夫(Fernand Khnopff)畫的《孤獨》(*Isolation*)(圖5，見本書二六九頁)，便充分體現了尼采思想帶動起來的象徵主義(symbolism)追求那份懷古的孤獨。

十九世紀的孤獨意象，比起前幾世紀都要多變。**十九世紀一開始的時候，孤獨的情調偏向多愁善感，接著，這份情調漸漸朝虛無轉進**。平凡人生的人際交往，太過庸俗，唯有隻身投入孤獨才可。而自願投身孤獨的人，自然也是鶴立雞群的不凡人物，高於一般的俗人。所以，在此，孤獨和偉大的渴望之間的密切關聯，重又出現。尼采的超人，一定也是個孤獨之人。就連浪漫時代的幽怨淒涼的隱遁，也和他們之敏感異於常人有關：浪漫時代靈魂裡高超的敏感，唯有在孤獨，遠離塵囂，遠離日常的俗務瑣事，才培養得起來。

在進一步探討孤獨的意象之前，我們先作番小結，指出一些不同時代同都出現的共通特色。從文藝復興時期以降，各時期的入世類孤獨追求，都有一大共同的基本元素：**尋找個人的個體性，建立個人的獨特性，追求和自我有更深刻的接觸，供心靈更進一步發展。佩脫拉克便是這類人物第一代的代表**。可是，在佩脫拉克後五百年，**尼采**同樣強調個人的孤高，於個人主義發展佔有極其重要的地位。從這樣的觀點來看，日常生活的俗務瑣事，自然比較低下：因而必須追尋另一層次的存在，更高的價值。大自然是所有自願投身孤獨的人指定的背景，不過，浪漫時代的詩人也會選擇隱遯到他們的小閣樓裡去。在這樣的心態裡，刻苦也是他們共同強調的。不過，即使不那麼強調刻苦，不那麼強調理想，同樣也可以沈醉在自然之樂裡面。在這裡，有趣的是孤獨的劑量：一般是一人孤身投入孤獨為多，但是也有成雙成對，甚至呼朋引伴的——像是開個鄉間派對什麼的。在心靈受傷之後孤身投入自然，通常以在愛情裡受創為多，這樣的主題貫穿了許多孤獨的理想意象。其中以佩脫拉克為最早的例子。他的文句裡雖然說的以高遠、個人主義式的目標為主，但是，他單戀蘿拉（Laura）未果，卻也是他遁入孤獨的一大動機，只是他自己沒意識到罷了。

世紀末精緻的孤獨文化

當代的孤獨選擇

到了**二十世紀，特別是世紀末的最後二十五年，出現了極為精緻的孤獨文化**。我們先有所謂的「孤單社會」（Singles' Society），然後是「獨居式婚姻」的社會，再來是靈修的風潮，或是作短時不帶宗教色彩的閉關靜思。另外還有歷史較短的「蓮花潭」（Lily tank），這是有點像棺材的櫃子，裡面裝滿了含鹽的溫水，躺進去後號稱可以真正沈入孤獨的體驗裡。甚至高空彈跳也可以放在這角度裡看──孤身一人從高處跳下，獨自面對生死的恐懼。我想當今沒人會大言不慚的說他從沒孤單過，他們從來就沒想過要獨自一人，或是從來就不喜歡孤單一人，或是幻想過要孤單一人過活。希望可以獨自一人生活，不依賴任何人、任何事，是我們這時代專有的理想。而且，**我們這時代孤身一人過日子的情況之多，也達前所未有的高峰**。（第一章曾經討論過我們這世界如何慢慢擺脫社會的羈絆。）**同樣一種獨立的心態，也顯現在現代人對醫藥極不信任的態度**：現代有許多人將依賴醫藥視同大忌。**這種泛濫的孤獨文化，其實正是當今孤獨之苦泛濫的反面。**

我們生活的這時代，標榜的理想當然是個人主義。可是，在高舉這理想大旗之餘，同時有許多矛盾現象揮之不去：我們這時代顯然也有嚴重的千篇一律和墨守成規的情形。不過，個人主義依然是大家標舉的理想。可是，社會若是大力標舉某一種價值觀，這價值觀通常也反映出另一個大家比較沒意識到的反向需求，由此可以探知一些潛藏在這種情況、決定這種情況的無意識因子。所以，我們明白標舉的這份獨立自主的理想，骨子裡到底是什麼呢？我相信我們其實是在逃避我們內心深處對依賴的恐懼，逃避我們若是太過依賴便會出現的狀況。因為我們可能會被拒絕，會受傷害；我們會因為別人不夠堅貞而失望，我們可能因為希望得到別人的愛和接納，而把迎合別人的希望放在做自己之前，以致妨礙了自己的成長。之所以會對依賴出現負面想像，顯然就是因為在真實生活裡對依賴關係失望所致。對我們十分重要的關係，卻沒辦法讓我們信任，因之而起的傷痛若是沒有消除或是表達出來，可想而知會導致對依賴的恐懼。可是，我們不該忘記，就是有這份依賴，社會才有以生成。出身破碎家庭的孩子，之所以不太能夠相信人際關係的力量和可靠，其間的道理相當清楚。而幼年失怙或失恃的孩子，同樣也可能有類似的反應。就算父母雙全的孩子，一樣可能碰上親職不可依賴的情形：例如父母之間的衝突太多，或是雙親中有一方無法依靠。這樣的環境裡長大的孩子，對於人際關係到底有什麼好依靠的，會有負面的印象。這樣的孩子長大後，可能無法信任這樣的關係，甚至到完全排斥的地步。而這樣也等於是排斥人際關係本身，因為所有的人際關係都帶有依賴的成分。即使是選擇「獨居式婚姻」（通常只有相當現代化社會才會形成的關係），也還是要依賴另一方守時、守信，按照彼此的約定行事才可。

如我先前所言，獨立生活在當今的社會要比以前容易，至少從物質層面來看是這樣：現在的女性大部份都不需要靠男性養活。小家庭在現在維繫起來比以前容易，現在甚至還可以選擇獨居，就像許多抱「獨身主義」的人一樣。我們現在沒有誰真的需要靠別人養活。不過，依賴關係是社會的重要基石，因為這和我們需要去需要別人有關。就如流行歌曲不論老歌、新歌，始終傳唱我們每人都需要去需要別人或是愛別人。可是，正是這需要和不想需要，想要依賴和害怕依賴，構成了當代人無解的存在矛盾。

瑪麗安就是這種困境的例子。她是位十分獨立的女性，知道自己要的是什麼：這是瑪麗安希望在別人心目中投下的印象。她的穿著很有品味、很有創意，一走進我的辦公室就滔滔不絕對我說她過的是怎樣獨立自主的生活。她在一家很有地位的國際公司擔任主管，工作相當繁重。可是，說到這裡，她接了一句：「現在你聽好，這些全都可能保不住了，因為我戀愛了。」她陷入的這段感情，「好得很！」但是「好可怕！」瑪麗安覺得放棄這段感情要比讓這位男士進入她的生活容易。

不過，經過幾次談話，她開始了解她真正害怕的是一旦讓這位男士進入她的生活，改變了她的生活，那她就得面對可能會被拋棄的命運；一旦被拋棄，一定會為她帶來極大的痛苦。他們可能會為了某件事吵架，她若堅持自己的立場，他可能會離開她。瑪麗安想不出來有誰會既愛她，又任她有不同的想法，而能愛她始終不渝、不棄。而她對依賴型的愛情關係的想像，源自她的家庭。她自己從來不記得父母曾經吵過架，但是她哥哥（比她大兩歲）倒是記得家裡曾有爭吵。她和父親的關係極為親密，可是，她父親在她十二歲時過世。她說：「從那以後，我的世界就破碎了。」瑪麗安害怕被人拋棄，便源自父親過世之時；她對愛的渴望，也隨之深埋起來。她變得非常獨立，這一直是她意識裡追求的目標：她要做個誰也不需要的女人，絕對不結婚，堅強而有效率，自給自足，對生活、工作、自己都很滿意。不過，在她堅決追求的獨立自主的背後，躲著她比較沒意識到的另一種想像，一位永遠愛她、永遠了解她的愛人。瑪麗安認定這樣的男性絕對不存在，因而拒絕所有男性的追求；可是，在內心裡卻又偷偷希望可以找到這樣的人；

也因此而對她碰上的男性全都不滿意。她和男性的關係，自然無法持久。而她也必須趕在被男性拋棄前，先把他們拋棄。對這情況，她在心裡給自己的解釋，是她總得捍衛她自己的需求和希望吧。當有關這方面的衝突出現時，她覺得她一定得維繫自己的獨立自主不可……毫無疑問，她「就是得離開不可」。可是，等到瑪麗安碰上了格瑞哥里，情況就不一樣了。格瑞哥里完全包容她做自己的主人，當她聲明要保有自己的獨立生活時，也沒怎樣抗議。她好像找到了理想的伴侶……可是，她也懷疑他真能一直這樣下去嗎？所以，若是先放棄他說不定還比較好，免得到頭來對他失望；反正最後一定會失望的嘛。他絕對不可能一直做她夢想中的那位永遠愛她的王子。

精神分裂世界裡的孤獨

瑪麗安的故事充分說明了我們這時代的一個典型問題：在幾乎像瘋了一樣追求獨立自主之餘，我們在無意識裡，卻又要補償共生關係的需求。放在實際的層面上來看，這表示一方面需要將自己獻給某人，同時卻又害怕將自己獻給某人。放在心理學的層面上來看，我們說這是「分裂型人格」（*schizoid personality*），也就是說一個人既企求拉開自己和別人的距離，又企求和別人親近，夾處在這種矛盾情緒裡，而萌生被撕裂的感覺。

萊曼會說我們這世界是個精神分裂的世界⑮：到處充斥著精神分裂的症狀和趨勢，搞得人人都要精神分裂。萊曼在一九七〇年代注意到社會上有一種趨勢持續不滅，而且還變本加厲：我們這世界的社交關係正在崩潰，社會結構正冰消瓦解。部落組織讓位予村落，村落讓位予大家庭，大家庭讓位予核心家庭。現在，就算是核心家庭也搖搖欲墜。

即使是龐大的國家組織也一個個分崩離析——例如共產集團，蘇聯，東歐等等。可是，這問題的根本還是在內心裡：**所謂精神分裂的人，是個和自我的情感世界斷了聯繫的人。這樣的人，對於人、事都不會有情緒上的反應，一味只是觀察事實。**他們用這樣的方式，逃避和自己的內在世界有實質的接觸。而這樣的逃避，當然也延伸到外在的世界，特別是和別人的關係。這樣一來，不覺得孤獨也難。

放在個人的角度來看，這類分裂型反應，是直接源生自對當事人對人際關係失望的經驗。當事人在逃避可能傷害他的東西，以及可能會傷害他的東西。可是，生而為人，就免不了有和人來往的需求。只是，這份需求始終未能得到滿足，因為這份需求相當極端。這份需求企求的，並不是要和一位成熟的人建立起成熟、愜意的關係，而是深埋在無意識裡的一份渴求融入、渴求合一、渴求不言自明的了解。我們在韓瑟和葛瑞桃的故事裡已經看過這些需求了。

克林姆（Klimt）的畫作，畫的便是這樣的人格所企求的親近接觸。《人世之吻》（*The Kiss of the Entire World*）（圖6，見本書二七一頁）這幅畫完成於一八九一年，正是象徵主義盛行的時代，畫面充分表達出法國象徵主義派詩人韓波（Arthur Rimbaud）在《迷亂——第二集》（*Délires II*）的詩作〈地獄季節〉（*Une Saison en Enfer*）當中刻劃的意象。愛之結合即如「大海融入太陽」，畫中相擁的人物頭部後面的景象，便是這一意象；兩人同都浸浴在同一水域裡面（海水淹沒他們的雙腳），他們的頭部融合為一。太陽和月亮在他們頭部後面，彷彿漂流在渾然一氣的水域裡面。這便是合一的情境，沒有分際的情境，「循環圓滿」（uroboros，一尾蛇咬著自己的尾巴）的情境，無性生殖式的生命歷程。在背景裡有精子正在和一個卵子結合，而精子像雨一樣落在兩位戀人的頭上。赫諾夫畫的女子正好相反（即圖5，見本書二六九頁），孑然一身，頭上有個雅典娜女神胸像，雅典娜是智慧女神，因而也是「分化」的女神。前景裡還有三枝分立的枯乾卷丹，這是秋天的意象，是憂鬱但絕不哀怨的孤獨。

回歸自然的趨勢

二十世紀的人全都知道這些意象。當今有一非常流行的大趨勢，其源頭可以追溯到盧騷的時代，說不定還可以再推回到佩脫拉克。兩位詩人都遁出社會之外，希望藉由隱居發現他們的個體性，培養他們的個體性。如我先前所述，佩脫拉克單戀蘿拉未果，似是導致他退隱的一大主因。佩脫拉克初見蘿拉，是在一三二七年四月六日，在亞維儂（Avignon）的聖克蕾兒教堂（St. Clare）對蘿拉一見傾心，此後他對這位羅敷有夫的女子純情的單戀，成為他生命的基調。蘿拉在一三四八年因時疫而死，當時佩脫拉克正在義大利北部。他在〈致後世〉（*Brief an die Nachwelt*）的信中自述他這段情感：

年輕時我曾因一段熾熱的愛而苦，一段單純而崇高的愛。若不是痛苦但未嘗無益的死亡，將已漸滅的火焰整個澆熄，我的痛苦還要延續得更久。

為他編纂文集的德國編輯說，在他生命的這段時期，

既懼又苦，他任由生命的憂悒愁苦佔據一切，任由他的哀樂中年沈浸在他的愁緒裡面。多年來，他一直以此自苦，屢屢尋求解脫而不可得，就算在一三五〇年到羅馬朝聖的歡欣，就算他常沈醉在瓦庫魯斯（Vaucluse）的孤獨裡，皆然。⑯

瓦庫魯斯這地方在佩脫拉克的生命裡，佔有一席重要的地位，因為他在一三三七年到該地隱居，想要拉開他和蘿拉之間的距離（蘿拉住在亞維儂），看看是否能找到些許心靈的平靜。他就是在瓦庫魯斯，開始孤獨的生活，而在一三四六年初春時節寫下了著名的作品，《孤獨生活》。⑰佩脫拉克在文章裡讚揚書籍領他找到自己，讓他和俗人有所不同。佩脫拉克之所以追求孤獨，為的就是要建立自己的個體性，而不是要追求和上帝合一的超脫經驗。但他這番追尋，有另一面是他自己沒意識到的：就是要為他的單戀蘿拉之苦尋求慰藉。

從他寫給柯隆納（Giacomo Colonna）的《書信集》（*epistolae metricae*）裡，我們知道詩人在瓦庫魯斯過的是怎樣的日子，知道蘿拉——還有失去蘿拉——在他內心有何重要性。佩脫拉克顯然從自然和書籍兩方面尋求慰藉。可是他之退隱，在無意識裡，絕對和他單戀蘿拉未果有很大的關係。

佩脫拉克這一早期的隱居事例，具有示範的意義：這是西方第一樁有史可稽的非宗教性隱居。其於意識上的動機，是要追求高人一等的自我形象，而無意識裡的動機，則是要逃避受創的感情：希望由此平撫被人拒絕的痛苦。將潛藏的動機蒙上一層更為崇高的理想——尋求個人的個體性——即使在現代，依然是許多人隱居的理由。當然，可能有人會說佩脫拉克隱居到瓦庫魯斯，不能算是真正的隱居，因為他還是會和朋友見面，而且住的地方也是城中心。可是，從他的觀點來看，他覺得他過的是孤獨隱居的日子。而且，他在瓦庫魯斯過的日子，和他在那之前、之後社交極其活躍的生活相比，真的可以算是與世隔絕。

我們在盧騷身上看到的例子，而且是個影響極大的例子——時間在佩脫拉克之後五百年——則是類似但絕對比較病態的狀況。這位啟蒙時代的法國詩人，開啟了浪漫時期的先聲，他隱退之地，是孤獨的大自然。他的動機明顯是因為遭到排斥而感痛苦：盧騷覺得遭同時代的人誤會、曲解、排斥。現代的評論家說他有迫害妄想症。盧騷在他的作品裡將這些體驗說得很詳細，例如《懺悔錄》（*Les Confessions de Jean-Jacques Rousseau*）。這本書的編輯在他為這部巨著寫的第一個註裡，就說：「盧騷在一七六六年至一七七〇年間寫下這些篇章時，心中認定當時正有一個大陰謀在對付他。」⑱一七五六年時，盧騷隱遯到狄皮奈夫人的「隱廬」，在離群索居的環境裡面，真正遁跡鄉野，在與世隔絕的幽僻裡，思索大自然的美好與喜樂。他帶著妻子和岳母，住在狄皮奈夫人位在鄉間的小小隱廬裡面，寫下了諸多著名的作品。他在作品裡發展出他對自然之美，對自然人——也就是善良野蠻人（*le bon sauvage*）天然的美善，對社會和文明的邪惡、墮落的理論背景。而他對他想像裡的迫害者對他的不公、不義的痛恨，當然也就在自然裡找到了支持的證據。盧騷隱居起來，真正成就的事，其實就是提出一套社會和哲學理論，為他自己還有他的立場作辯護，同時詆毀他的敵人，而將他的傷痛合理化。他這樣既不新鮮，也不稀奇。真正稀奇的是他這樣一來，在後世造成了重大影響。要不就是那些「回歸自然」運動的代表人物，次次都在重塑盧騷的面目？他的態度——我們不妨名之為「盧騷現象」——不就是人類在社會裡碰上痛苦的事時，人性裡典型的反應嗎？或者也可以說是現代人的典型反應。

為了要多了解一些盧騷之所以熱愛大自然的孤獨深層的心理動機，我們必須看看他幼年的生活。他的母親在生下他之後就過世了，他曾說過他覺得母親之死他必須負責：「我天生體弱多病，還害我母親送命，我來到人世，便是我一生不幸之始。」他小的時候性情就十分敏感，容易激動，他曾經說他自己：「感覺走在思考前面。這是人類共通的命運，可是，在這方面我承受的痛苦大於常人。」[19]他愛戀的華倫夫人（Mrs. Warrens），年紀比他大上十三歲，他叫她「媽媽」，她則叫他「小東西」。沒多久，他們便陷入熱戀。盧騷可能就是從自然之母，還有他的「代母」華倫夫人的懷抱裡，尋找他出生時便失去的母親。從他對周遭世界的反應，可以看得出來他可能對自己、對他覺得遭當時的文學界、哲學界迫害的處境，懷抱理想化、不切實際的看法：他們可能因為無法提供他急需的母愛，全面包容的母愛，因而蒙上了迫害的罪名。他因而逃入自然之母的懷抱，尋求慰藉；在大自然裡，他可以感覺到他企求的那份共生的關係——要不至少也可以放心想像，不會有人質疑——在大自然裡，他可以和周遭的世界融合一氣，和原型母親結合為一。在此，我們看見的還是韓瑟和葛瑞桃的世界，只是這次主人翁沒有長大成人，沒有進入務實、成熟的成人世界。盧騷其實就此永遠迷失在自然的荒野裡面，迷失在女巫的國度裡，因為他沒有努力去發展出和周遭世界的關係。他不是沒有試過，他曾在幾篇自傳式文章裡，努力深入自己的靈魂，探討自己的內心，而多少幫他了解自己一點。他也寫過一部談兒童教育的文章，《愛彌兒》（*Emile*）；可是，這些到頭來還是徒勞無功。他不只沒找到自己，還把自己埋在遭受迫害的想像，愈埋愈深。他可沒有按照他在《愛彌兒》裡面說的那樣，把他自己生的幾個孩子養大，反而在孩子一生下來就扔進孤兒院。他在文章裡演繹出來的理想（例如《愛彌兒》），只屬於白鳥的世界（見第一章）。盧騷終生都是女巫的囚犯。

盧騷是此後每一次「回歸自然」的運動必定尊奉的先驅。生態保育的運動，顯然也該以他為祖師爺，因為生態保育也把自然看作是全然美好的，而人類的社會、人類的世界和文明，則全然是不好的。文明裡的邪惡人類，為了一己的私利，摧殘慷慨無私、孕育一切的自然之母；這是他們最基本的前提。將自然和文化、自然和文明分化成對立兩極，以自然代表一切美善，而以文明代表一切邪惡，便是盧騷哲學裡的基調。「善良野蠻人」這個說法就是他寫出來的。

十九世紀的美國作家梭羅（Henry David Thoreau），對自然和社會的看法和盧騷差不多。他也和盧騷一樣退隱到自然的孤獨裡去——離波士頓不遠的華騰湖（Walden pond）。他和盧騷一樣，和當時的社會格格不入，自認遭到社會看輕，因而從讓他痛苦的舞台退出去，到自然、到孤獨、到沒人會對他有所質疑的地方尋找慰藉（和考柏一樣）。所以《湖濱散記》（*Walden*）的編輯寫道：「從一開始，他好像就只喜歡獨自一人。」⑳他在一八三七年離開哈佛大學之後，便開始尋找合適的小閣樓，可以遠離家庭生活擾攘的小閣樓。他唸完哈佛大學後寫的日記裡，第二則的標題就是「孤獨」。梭羅為什麼這麼嚮往孤獨呢？是因為他天生就比較孤僻嗎？他的「被迫式直接」（forced directness）相當出名，愛默生（Ralph Waldo Emerson）就說他：

他的性格帶有一點好戰的成分，絕對不肯屈服，始終要維持男人雄赳赳氣昂昂的樣子，絕少有溫柔的時候，就好像只有在對立的情況下，他才覺得自己存在。㉑

這樣看來，他一來是個非常自我、非常難以相處的人，絕不妥協，因此很容易覺得自己和周遭世界格格不入。我們可以從遭到拒絕而走向孤獨這一主軸，來看梭羅和女性的關係：梭羅好像曾兩次陷入愛河。最先是在一八二九年認識斯瓦爾女士（Ellen Sewall），可是被他的兄弟約翰搶走。在認識斯瓦爾六個月後，斯瓦爾拒絕了他（一八四〇年十一月），他就搬去和愛默生夫婦同住。結果，他又愛上了愛默生的太太莉荻安（Lydian），但好像只是單戀。最後他寫下了這段：

「現在，另一段友情又結束了……和你分開我悲傷至極……清晨、正午、黃昏，我無時不刻不覺得軀體痛苦，從胸口湧現的痛苦，教我根本無法工作。」㉒

梭羅在一八四三年離開愛默生家，兩年後，便隻身隱遯到孤獨的自然裡去。

投身到自然之母的孤獨懷抱

為什麼從啟蒙時代以降，會有這麼多理性的現代人，要到自然之母的懷抱裡尋找孤獨呢？難道就只為了能夠享有無人能比的地位——像考柏說的「居臨所見一切」一樣？或是還有別的因素摻雜在內？孤獨隱居的現象，和人類一般的行為模式——即原型

——有什麼關係嗎？我們已經談過孤獨裡包含的偉大的渴望，這些渴望對於處於某些特定狀況的人，是不是必要的呢？我們先前說過的幾個例子，從佩脫拉克、盧騷到梭羅，他們遁入自然的孤獨裡，內含的基調都是從被排斥的難堪甚至痛苦裡逃脫，不管這被排斥的情況是真實的、是可能而已，還是想像的，都一樣。他們身邊的社會，在在教他們想起痛苦和難堪。社會是我們證明自己是什麼或不是什麼的地方，是我們的價值可以肯定和否定的地方。我們自我認定的價值，不論是高人一等還是比較謙虛，在遭到排斥或是指責的時候，一概無法得到承認。在身處的社會裡找不到共鳴，會讓人重新檢討對自己的看法。社會無法提供我們足夠的肯定，就只有從自然的想像裡去尋找慰藉：因為自然在象徵上，可以視作是母親的代表。這就是人生，幾千年來率皆如此，紐曼（Erich Neumann）在他的名著《大地之母》（*The Great Mother*）㉓裡面，已經就此作了充分的說明。自然之母的懷抱，只有全然的接納。沒有什麼會懷疑你的價值，你在自然之母的懷抱裡，只覺得安適、自在。自然之母的懷抱，只有溫暖、舒適和接納。在這裡，到處都可以找到和自然合而為一的想像，也就是那「參與神話」。在大自然裡，我們在人際往來當中會感受到的排斥、冷落、批評和傷害，都遠遠被我們拋棄在外。這樣的退隱，其實可以說是「倒退式的」（regressive）。可是，我們也都知道，倒退也可能產生絕對正面的效果，尤其是這倒退是有意識的回到舒適源的話。

灰姑娘的遁居、想像和重建關係

我們現在要再看看灰姑娘的童話故事，這故事說的是一位少女覺得遭全世界摒棄，卻也害怕人際關係，因而和大自然建立起了特別的關係，終日懷抱祕密的偉大渴望。我們從這故事裡可以找到人類典型的行為模式，從而看出孤獨在真實生活裡能產生怎樣的誘惑。

灰姑娘原本是位富翁的女兒，幼年的時候母親早死，母親過世不到一年，父親再娶，後母帶來了兩個女兒，加入新家庭裡面。這樣的背景，頗像韓瑟和葛瑞桃的故事：灰姑娘失去了親生的母親，得來了一個殘酷的後母。韓瑟和葛瑞桃就有一位殘酷的母親，而在母親的設計下，被帶進森林裡拋棄，想要將他們置之死地。灰姑娘一樣因母親過世、父親再娶，而在情感上形同遭到拋棄。她在有形上，依然身處於自己的家中，在她父親的家中，但是，她在家裡被人當作奴僕使喚，日日都得早起，挑水生火煮飯打掃等等，扛起家中所有粗重的工作。她連穿著也和奴僕一樣——穿著破舊的灰外套和木屐。她的異母姐姐虐待她，把豆子扔進火爐的灰燼裡，她便得一顆顆撿出來。「灰姑娘」這個名字，就是這樣來的，因為她總是渾身沾滿了灰塵。

在孑然一身的孤獨處境裡面，沒有關愛她的人，沒有歸屬於某一關愛她的群體的感覺，或是在某個人心中佔有一席關愛的記憶，灰姑娘只好投向她死去母親的懷抱，到母親的墳上哭訴，她還在母親的墳上栽下一根樹枝，而她唯一曾向父親提出過的要求，也不過是要他替她帶這樣東西回家而已，她只敢對父親提這樣微不足道的要求，雖然她在內心深處，需求的東西要多得多。她常對著樹枝流淚，決堤的淚水澆在樹枝上，讓樹枝發芽長成了大樹。而每次她到母親墳上哭訴，就會有一隻白鳥出現，替她實現願望。她到墳上哭訴，然後有白鳥出現，這代表的是什麼呢？我們在韓瑟和葛瑞桃的故事裡，已經看過白鳥領著兩個孩子到女巫的家裡去。這裡的白鳥，代表的是信使，是她和死去母親之間的信使，要不至少也是一個媒介，她和傾聽她的悲傷、助她美夢成真的仙姑之間的媒介。而不論是女巫或是仙姑，都屬於「大地之母」的國度，都是擁有非凡生命力量的母性角色。而灰姑娘的願望是向死去的母親投訴，所以，也等於是向精神世界投訴。在這故事裡面，沒有出現接觸大地、接觸實體世界、接觸地母之類的場景。被母親那方拋棄，同都出現在韓瑟和葛瑞桃的故事以及灰姑娘的故事裡面。而被母親拋棄之後，三個孩子同都轉向精神領域尋求慰藉，因而也同都身陷「大地之母」的羅網，因為，他們不知道怎樣面對現實的生命。他們的期望太過偉大，太過天真：韓瑟和葛瑞桃相信在女巫的家裡，地上也會有天堂，而迫不及待的奔向前去，結果，等到發現只是幻覺的時候，為時晚矣。他們掉入的陷阱，是相信共生可以實現的陷阱。

灰姑娘同樣在心裡編織類似虛幻的想像，可是，她想像的是她自己的價值。她希望可以穿去赴宴的衣服，不只是合宜的禮服就好，還要「金銀編織的」。這願望，她還分別在三個不同的場合裡表達出來。而她的願望豪華到這個地步，是和她對日常生活的負面意象的惡劣程度有對等的關係。在現實生活被人當作奴僕使喚，使她幻想自己可以成為公主。而這種情緒不穩的狀況，也可能和青春期有關：灰姑娘的父親，原是她感情投注的唯一對象。可是，他對她卻沒有投注足夠的關愛，例如他不久便再娶，而教灰姑娘覺得自己不受重視，被虧待了，像被虐待的女僕。所以，她對自己價值的幻想，便會拉到最高的地步：滿地亂爬的老鼠，在她的幻想裡面可以是英俊的王子。

這個例子說的是不穩固的自尊，以及由之而來的反面想像。如我在前面所述，自尊心不穩固，絕對和缺乏適切的內心結構可以給予支持，撐起穩定的自我認同有關。懷疑自我是正常而且基本上算是健康的現象。可是，情緒波動太大，一下陷入沮喪的深淵，一下升到興奮的高峰，則是自戀型人格的典型特徵。自己的價值是這類人生活裡的一大焦點。內心裡深藏沒有意識到的孤獨感，通常還很極端，也是另一典型的特徵。這類人和所有人都有一段距離，覺得世間沒有一個人了解他們，而且沒辦法和任何人建立起有意義的關係，因為他們和自己、和他們自己的感覺，都沒辦法建立起切實的關係。覺得極為孤獨、覺得沒人愛、覺得被世人遺棄的人，特別會有這種問題。可是，內心覺得孤獨，退避到世界之外，同時懷抱受傷的自尊，在這類人裡算是極端的。這樣的人痊癒的過程特別困難，通常需要很長的時間，才能重建比較好的自我意識。

有這樣的自尊問題，也欠缺支持的內心結構，讓灰姑娘極難和別人建立有意義的關係。我們看見她在故事裡，就算遇見了王子，和王子的關係也不穩固，因為這關係是建立在王子愛上了她的美貌。然後，她跑掉了。她退回她的孤獨裡去，退回她和煤炭打交道的日子裡去，可是，在她鎮日和煤炭為伍的時候，她可是三次膽敢向現實挑戰，因而才有機會遇上王子。可見她無法和別人建立長久的關係。從一開始，她在故事裡就是個覺得周遭人都對她不好，而將自己和周遭世界隔絕開來的人。她是這樣看世界的，或許是因為母親早逝吧，或許是因為得不到企盼的父親的關愛吧。可是，這些全都是投射。真正沒辦法和她自己產生共鳴的人，是她自己。

灰姑娘的外表看起來像滿地爬的老鼠，但是，在內心裡，她渴求英俊的王子前來，為她帶來價值，或者是證明她在內心裡祕密為自己設定的偉大價值。雖然故事裡沒有指明灰姑娘的年紀，但照情形看，她應該正值青春期。在生命的這一階段，對自我的懷疑一般會特別嚴重。醜小鴨還沒有變成美麗的天鵝，但是，她在心裡感受到那份蛻變的躁動。在這時期，父親仍然是她最重要的男性形象，而和母親爭奪父親的感情就變得特別激烈。所以，競爭在灰姑娘的故事裡，是一大主題：而競爭的對象，就設定在繼母和兩位異母姐姐身上。她們在故事裡因為嫉妒灰姑娘的美貌，而虐待灰姑娘，可是，這一樣只是投射，更有可能是灰姑娘自己和她們爭奪父親的感情，而在覺得沒人愛、沒人喜歡、甚至被人排斥的痛苦裡，逃到了想像裡面，沈醉在偉大的自我形象裡面。這讓我想起了前一章裡的珍，她一樣因為從小在孤兒院裡長大，覺得被排斥，而在沮喪當中幻想自己是位道行高超的預言家。

灰姑娘的故事之所以有趣，是因為故事裡很清楚的表現出偉大的渴望，可以彌補被排斥、被遺棄的感覺。灰姑娘的希望，就在她的年紀：青春期出現這種衝突和自尊不穩固的情況，是十分普遍，甚至是正常的。在青春期的時候，一個人的自我價值會變得不清楚，因為這時既不是小孩子，也不是大人。一個人可以做什麼，不能做什麼，一個人是怎樣的人，不是怎樣的人，都還不甚明朗。唯有經由個人生活的體驗，才可能漸漸建立起穩固的自我認同，自我評估也才可能比較切合實際。灰姑娘若非正值青春期，那麼她的問題就會嚴重得多了。

灰姑娘的故事，放在孤獨的誘惑裡看，其意義在於灰姑娘的成長。她一開始的孤獨，並不是自願的，但是，後來她卻自願選擇孤獨，或者說是自願和王子分離——她一次又一次逃避。不過，她必須堅持立足點，堅持她舞會那位美貌女孩的身分，才能真正長大，而和王子建立起真正的關係。所以，這故事和韓瑟和葛瑞桃的故事一樣，不可以把焦點全放在父母身上，而應該放大，將女孩追求自我的成長歷程包括進來。

孤獨英雄的主題：特徵和演進

孤獨的偉大渴望，在這裡是非常清楚的：從我們旁人的角度很容易看出來。不過，對於**遁入孤獨的當事人，由於內心通常帶有一份傷痛，或是急切要找到自我**，因而會覺得這樣的觀點很奇怪。因為沮喪而覺得孤單無助的人，不只會把自己孤立起來，內心裡也會偷偷幻想自己偉大，甚至超凡。他們因為不凡，以致無法得到凡人的了解，唯有他們因此而受苦，甚至死亡，世人才會了解他們的偉大。可是，放在現實生活裡面，他們通常不是自己去死，而是憤而要整個世界「去死」，就像盧騷一樣，因為世人不了解他特立獨行的價值，而非常失望。

遁世退入孤獨這種現象，通常附帶著偉大的渴望，幻想自己特別蒙神眷顧，能和神溝通，幻想自己高人一等，或是追尋高人一等的途徑。所以，遁入孤獨，其實就是從人際關係裡退縮出去。這是基本的一點。一般的英雄形象都是孤獨的，常義無反顧的將已經建立起來的關係一把扔下，進行一場又一場的冒險。就連時代較近的偵探小說裡的女英雄，例如培瑞斯基（Sara Paretsky）筆下的女大偵探瓦紹斯基（V. I. Warshawski），一樣對人際關係不怎麼在乎，很容易就和人建立關係，也很容易就打斷關係，繼續去找更好的新關係、新差事，隨便就可以把男人抛掉，再去找另一個男人。職責、任務、英勇救難，要比人際關係重要得多了。孤獨是英雄裡的基本成分。所以，遁入孤獨這件事裡，隱含的是超脫凡俗的渴望：目標在求得高超、英勇，甚至超凡入聖的地位。謝倫柏格（Bernardin Shellenberger）㉔曾在文章裡舉過一則禪詩，詩裡的禪師警告溯江而上的徒弟，不可因為途中所見的啼哭小兒而停下腳來。一個人除非找到自己，否則是幫不了別人的。謝倫柏格自己也承認，他的求道之旅沒走多遠，因為他常常因為啼哭小兒而停下腳來。他這樣一說，呈現在我們面前的就是比較像凡人，或者說是比較有人性的謝倫柏格，而不再是那個孤獨英雄：因為人際關係於他，比自我發現重要。其實，遁入孤獨的內在動機，若是在逃避人際關係，在擺脫受傷害、被誤解、被批評、或是被排斥的恐懼，當事人通常就會把遁入孤獨一事理想化。

可是，英雄的意象常被人用來形容人類成長的路途。紐曼講意識演進的書㉕，便用這主題來說明一個人以自己為主觀的核心，出發去殺恐龍，取得財寶，解救公主的成長歷程。他的說法，為人類意識的發展史，提出了一套強而有力的體系。這樣的英雄人物，從一個發展階段走到另一個發展階段。這類英雄人物代表進步，代表人類追求更美好的自我，更美好的人類族群。放在實際的事實來看，從心理和社會發展的一個層次進步到另一個層次，通常便是英勇的成就。不過，紐曼本人想必也會說這些英雄人物，也一定深受內心裡「反英雄」的感覺折磨：在他一路追尋的過程裡，一定隨時隨地飽嘗痛苦、懷疑、恐懼、不安等感覺折磨。放在這樣的背景裡看，我們就知道紐曼的說法：「孩子每次一離開安穩的環境，就會覺得孤單、寂寞」，背後裡帶著對個人在這路途上會承受怎樣的磨難，有深刻的了解。

其實，**每一個小孩在成長的每一步，在人格成熟的每一進展，在碰上每一個新的挑戰時，都等於是離開安穩的環境，投身到新的處女地。這樣看來，孤獨是步向成熟不可避免的過程。生命每進入新的階段，都會出現某種形式的孤獨。**放在這樣的角度裡看，青春期便是值得我們探討的一個範型，因為，我們這時代的青少年泛濫的嗑藥問題，已經到了危急的地步了。

青春期是人生的一大轉捩點，充斥著諸多未知數，因而也是人生裡十分孤獨的時期。

如孟克（Edward Munch）畫的《青春期》（*Puberty*）（圖7，見本書二七三頁），畫的就是一位正處於青春期的少女。我們在畫中可以看見許多元素，代表的都是孤單、寂寞。畫中的少女坐在床沿，全身赤裸，而且好像對自己赤身露體有點羞赧：她把雙手交疊在前面，好像要把自己遮住，不讓無形的觀者看見她。她的姿勢很僵硬，眼睛圓睜，直瞪著前方。這幅畫畫的到底是什麼意思，我們只能推論了。這裡面是不是有挑釁，有蠻不在乎的味道呢？或者她只是瞪著掠過她心眼的外界呢？但不管是什麼，我們都感覺到有一絲孤獨和恐懼，從畫中流洩出來；有一股冷冷的氣氛，瀰漫在畫中。少女並不是坐在床上，而是蜷縮在床沿。我們若是想像自己用這樣的姿勢蜷縮在床沿，大概可以感覺得出來少女的感覺。說不定她不敢上床呢。說不定她坐在那裡，是在畏縮的思索有關她自己、有關她的人生，有關她注意到的新現象（生理和心理兼具）。而無論如何，畫中都流露出一股不安。在她左肩後面，有一塊陰影，流過她身體的左側，從她的腳邊延伸到她的頭部。這陰影是什麼呢？或許她覺得在她前面的那一整片無可名狀的陰影裡，躲著些什麼，但是她也不完全知道那是什麼。那陰影或許和她的身體有關，和性有關，和她的即將長成為女人有關。再看看畫家選的顏色，或許可以略微猜出這裡的主題。畫面有幾點紅色的點、線，少女的雙頰、嘴唇、乳頭也染著些許紅暈，可能暗示經血，也可能暗示性的成熟以及對性的羞赧。這些都是青春期的感情基調，也和青春期有關。有趣的是少女的床也是紅棕色的，幾乎和她身體的顏色一樣。這是少女日日入睡的床的背景顏色；表示這是她的經驗的基本色調。她腳邊的棕色像張毯子，這是她立足的顏色，也是地母的顏色，她現下女性姿態的冥府色調。畫中的著色，還有少女的裸體和姿勢，全都代表了少女和現下女性主題的關係。可是，她也很蒼白，她的床是純白的顏色，略帶點綠，這代表的是新鮮、青嫩、未遭污染的狀況，說不定就像百合一樣。百合的純白，通常用來代表處女的純潔，而我猜這就是畫中少女縮在床沿的原因。她正坐在跨入女人階段的門檻上，還不是女人，但也不再是小女孩了。她臉上和背景裡的紅暈，略帶點泥土的顏色，即表示這是躲在她腦中的東西。可是，她內心裡還是有許多恐懼和猶疑（從她左側身軀——代表無意識——可以表現出來）。

這些——這些恐懼、想像，這些暗示和觀察——全都指向不安，全都透露出生命這一階段的孤獨。生命在這一階段，進入了新的領域，染著不安的領域，因此也是孤獨的領域。在這時期，生命正歷經極大的心理和生理變化，在這時，我們只能孤立無援的面對這一新的階段，不管是和朋友、父母或是老師討論性和成熟的問題，是很刺激或是禁忌，我們最終還是得孤單一人走過這一階段。

威尼考特（Winnicott）曾經討論過孤獨在這時期的重要（包括童年時期）。他認為青少年時期會架起防禦網，不准別人「找到」他。這對青少年是非常重要的事，對他們凡是私人的、他們覺得真實的東西，一概要嚴加保護，不計任何代價。就是因為有這份將自己和環境隔絕起來的能力，才讓青少年可以長成獨立的人，展現比以前明確、比以前明顯的個性。若有孩子沒有經過這一孤立的歷程，那也是因為他太害怕。他們覺得將自己和他人區隔開來，太過危險。但是，這樣一來，他們就會一直過度遷就別人。可是，在他們的發展階段裡，終究會有一段時間，必須找到力量讓自己退隱到孤獨裡去，以便發現自己是誰。害怕失去別人的愛，失去周遭對他們的欣賞，失去生活裡的安穩，會成為個人發展的一大阻礙。對這類嬰兒期的價值和關係依附得愈久，一個人就愈不敢去做自己，去做那個和他想像裡穿著、講話、行為都不一樣的自己。

說起這樣的發展障礙，就讓我想起一位化名為米奇的人。這是位中年人，因為沮喪的問題而來找我。米奇在青春期的時候，喜歡孤獨：他常常一人爬上閣樓獨自讀書，不肯下樓和家人在一起；唯獨用餐時間，他覺得他不能拒絕，因此他會下樓，和家人一起坐在餐桌旁邊，但是，他要嘛一口也不吃，要嘛只吃一點點。那時，他必須拒絕他母親為他準備的食物，他必須拒絕母愛的滋養，他必須拒絕家的溫暖，拒絕他母親這個人，他母親給他的照顧。於此同時，他又必須找到他和父親之間久經忽略因而相當矛盾的關係：他必須為自己找個男性的角色模範。而那時米奇的父親正厲行節食，所以米奇不肯多吃東西，是他親近父親、喜歡父親、認同父親的方式。他必須將他和母親世界的心理距離拉開。他若要長大成人，這一步相當重要。於此，我們可以回顧韓瑟和葛瑞桃的故事，他們也是需要被人拋棄在林子裡，才能長大成人。所以，我們想到米奇一人獨自待在閣樓裡面，不參加家庭的活動，拒絕飲食，跟著白鳥前進（一人在閣樓閱讀），我們就可以了解他那時其實正處於蟄伏期。他也常一人在閣樓裡睡覺。雖然現代社會不太清楚「原始民族」進行的蟄伏儀式，但是，我們在這裡可以看見米奇在無意識裡做的正是這類儀式。這類儀式對青少年是十分重要的（其他遭逢生命困阨的人也一樣）。我們都知道蟄伏（有孵育意）表示坐在一窩蛋上，用身體的溫度將蛋孵化。用這意象，說的是這類的隱遯也是在將一個人的精力集中起來，用在個人重要的發展上面。

在所謂的「原始文化」裡面，有關蟄伏的儀式有許多種，而且全都包括一些「隔離」的動作。在這類的儀式裡面，少男會歷經一些刺激的經驗，先是被族人從家裡帶走，離開母親的庇護，和另一批團體——他們的男性同儕——一起進行男性的儀式。經過試煉或是割禮之後，他們才算是真正的成人。他們必須在他們的舊日角色裡死過一次，才能重生，擔起新的角色。少女的青春期儀式，「隔離」的意象更是鮮明，因為少女通常要關在小茅屋裡，腳不能著地。這些儀式就是將威尼考特所說的青少年十分需要的孤獨需求儀式化的結果。

希臘神話裡，帕修斯（Perseus）之母妲娜伊（Danaë）的故事，說的也是「隔離」，由這則故事裡，我們可多了解一些這類儀式的層面。妲娜伊的父親因為害怕神的預言會成真——妲娜伊生的兒子會殺死他——因而將妲娜伊送走，可能就是在青春期的時候。這象徵的是妲娜伊必須監禁在孤獨裡面，以免她身上發展出來的力量，會將統治的力量推翻。而新世代的角色，就是要更新：新世代一定要打敗舊力量。放在心理的層面來看，這神話說的是新勢力對舊勢力形成了威脅，所以舊勢力必須壓制新勢力，以保障自己的權力。這是許多民族裡一再出現的基本主題，從巴比倫神話裡馬杜克（Marduk）和艾普蘇（Apsu）之戰，到希臘神話裡宙斯和他的父親克羅納斯（Cronus）的戰爭，都不脫這一模式。甚至連基督教和猶太教三番兩次的戰爭，也是如此。所以，我們可以把青少年的「隔離」，想成是社會為了抵禦新世代正在蘊釀的力量，而發展出來的儀式。放在同一脈絡裡看，不讓少女的腳著地，有一原因可能是害怕經血：血帶有特別強大的力量（血其實等於生命的力量，等於生命本身，因此具有和神一樣的力量）；所以，這些少女便也代表對既有勢力的威脅。其實，一個人在步入成人的關卡之際，是真的在展現特別強大的精力和活力。所以，強迫青少年「隔離」同時有兩種作用：一方面是要當事人將精力集中在發展上：將精力朝內集中，以供內在發展。另一方面是社會也害怕青少年的精力若是不加以節制、導正，可能會危及整個社會。這兩種解釋都正確，因為兩種解釋都承認也重視青少年時期正在醞釀的這股特別強大的力量。

不過，青少年在面對這段時期的風暴之際，所處的位置相當危殆。旺盛的精力加上這時期必然也會出現的不安感覺，能將孩子逼到極端：嗑藥、酗酒、鬧事，甚至自殺，都是人生這一時期的圖像裡會出現的元素。這些在青少年看來，好像全都可以為他們解決部份問題，都可以讓他們逃避獨自面對人生的混亂，逃避那步步進逼的孤獨。而且這些方法，也是青少年必須附和的同儕壓力：只要跟著大家做，就可以建立歸屬感，不致讓自己淪為和周遭這麼重要的團體格格不入的落寞感。青少年可能會因為同儕壓力，而跟著別人去偷東西，去砸東西，去喝酒，去嗑藥。不管流行的是什麼，都是不穩定的青少年常會碰上的陷阱。如在五〇年代流行的是飆車，六〇年代流行的是喝啤酒，七〇年代流行的是嗑藥。大家都在做，你若是要覺得屬於某個團體，要覺得大家接納你，而不是排斥你，讓你覺得打不進大家的圈子，覺得孤立、孤單、被遺棄，你就必須跟大家一樣：這樣才能和大家融入同一種精神裡面，有團體作奧援，而不會被嘲笑，或是排斥。

這種附和同儕團體的行為，開始得很早，而且絕對有其重要性：你該崇拜哪位明星，該穿哪個牌子的牛仔褲，遇上同一夥的人該有什麼表情，全都由同儕團體決定。不過，這實在很矛盾，青少年為了要追尋自己獨立、獨特的身分——也就是要做個獨立自主的人——反而必須去依附家庭之外的團體。這是相當危險的平衡，因為，孩子愈是需要得到同儕團體的接納（從這當中建立自尊），危險就愈大。孩子若是在童年時期未能建立起穩固的自尊和安全感，那麼，同儕團體在這時候對他就無比重要了：這時，他會在同儕團體裡面尋找共生的關係——以之取代和家庭或是母親的共生關係。他若是偏離團體或是團體的目標、標準、道德要求（或是不道德要求），就會給孩子帶來威脅。孩子在同儕團體裡就變成了小嘍囉式的人物，為了要取得對他絕頂重要的滿足感和歸屬感，什麼事都願意做，只要能讓他逃避孤單、沒有價值的感覺就好。青少年極其需要從同儕身上得到肯定，反而讓他要確立自己的個體性——可能是當下，但通常會晚一點——變得是不怎麼恰當、不怎麼安全的事。這情況在過往曾出現很悲慘的結果——自殺潮：如紀德《偽造犯》裡的少年便因同儕壓力而自殺。我們現在泛濫的嗑藥問題，一樣是這種情況。

在青年時期，童年的孤獨常會在一個人夾處在建立個體性和適應外在的兩難之間，為當事人製造出嚴重的問題。在這幾年裡，青少年一般以外向（extroversion）為多，以適應外在世界、外在現實的要求為多，因此這時的內向（introversion）自然是少之又少。不過，一個人若是獨處的能力太差，那麼在逃避孤獨之際，會變得對外在世界有調適過度的情形出現。

青少年的時期，一定會碰上分離和孤獨的經驗，而這些經驗都是相當痛苦的。離家、想家，只是問題之一端。另一端是和朋友、愛人分離。韓瑟和葛瑞桃的故事，為我們提供了心理發展的正面示範，告訴我們他們是怎樣在離家之後陷入孤獨，進而鍛煉出和外界重建關係的能力。近年來，我們都見過許多青少年沒有能力面對孤獨，以致和家人相處時常常出現執拗、頑固的情形。這就是女巫不肯放孩子走。孤獨之可怕，可以教人竭盡所能想辦法逃避。所以，家庭一定要善盡其安全庇護的職能，不得鬆懈，因為當事人極其需要這份安全感。若是這份安全感沒有充分內化，或是不夠，那麼當事人的身分認同、自尊等等基本的感覺，便不夠穩固，進而也就缺乏強健的內在意象，可以讓他面對離家必然會碰上的孤獨。

榮格的心理分析，以中年危機最為人稱道，不過，他自己從來沒用過這個名詞。榮格自己的中年經驗，讓他深切了解人生這一階段的痛苦和潛力。**人到中年的孤獨之感，**

隨處可見——不論是在心理分析裡面，或是在虛構、真實的生命情境裡面。這本書的最後一章，就要談談兩位女士，她們的中年危機就是在面對孤獨的挑戰時，只注意孤獨的痛苦，而差一點忽略了孤獨裡蘊藏的潛質。她們把被冷落的事實看得太重，以致忽略了孤獨的問題裡深埋的其他層面。結果，害怕孤獨反而成了問題，而掩蓋掉了真正的重點，像是一個人對孤獨愛恨交加的矛盾感覺，一般還是需要些許孤獨和分離，需要偉大的渴望，要不也至少需要發展的希望，需要內在深層的孤獨存在，需要孤獨帶來的新契機。可是，一般人一遇上孤獨，常常就會陷入女巫的魔掌無法自拔。為什麼呢？因為人生這一階段深藏的內向，根本就不符合一般人所認為的「正常」形象。

如我們先前討論過的，人生發展的每一步，人格成熟的每一進程，生命的每一新的挑戰，都是小孩子離開安穩的情境，投入新的處女地之時。孤獨也一樣，同是人生的每一進程不可或缺的一步。所以，孤獨在成人的生活裡無所不在。每當一個人膽敢說出自己的想法，而不管這想法是不是受歡迎，便是膽敢跨入孤獨。這時的恐懼，是害怕被人貶低，被人懲罰，被人排斥，或是被人嘲笑。英雄的姿勢，是相當困難的姿勢，即使是童年時期得到許多支持的人也一樣。我們當今這時代，絕少提倡道德勇氣教育；所謂道德勇氣的教育，應該是一種有意識的教育，而不是著重附和的隨機教育。一般人只敢隨聲附和別人，而不敢講出自己的真心話，這情形早在紀元一世紀的時候，就由羅馬的歷史學家泰西圖斯（Tacitus, 55-115）提出來了：「沈默即是同意。」二十世紀的沈默大眾，顯然不是新異的現象，只是在在提醒我們，要有膽子扛起孤獨做自己有多困難。在不公不義之時選擇孤獨，選擇更高的理想，是人性的一大挑戰。有沒有能力扛起這挑戰，端看幼年時期是不是有面對孤獨的鍛煉了。

孤獨之必要

在轉入下一個主題之前，我要再約略談一下孤獨之必要。這裡我要說的不是**尼采那種極端的「孤獨原鄉」**（homeland of solitude，《查拉圖斯特拉如是說》*Zarathustra*）㉗。我說的是日常生活裡的孤獨，像十八世紀中國織錦裡的《出遊》（*A man out for a walk with his dog*）（圖8，見本書二七五頁）。這幅織錦裡織的是一位男子閒暇時帶著狗出外散步。

我們知道像日本那樣人口稠密的國家（每平方哩的人口密度居全世界最高），個人所擁有的私密空間很小，所以在日本這國家，闢個小小的花園供個人獨處靜思，仍然是他們重要的傳統。唯有享有適量的孤獨，才能讓人覺得安適。而這所謂「適量」到底是多少，因時代、因文化而異。創意型的工作，當然一定需要孤獨。浪漫時期的詩人遁居的象牙塔，還有窮酸的文人蟄居的小閣樓，體現的都是葛林（Graham Greene）晚年所說過的話。葛林有次在接受英國國家廣播電台訪問時，說起了孤獨的痛苦，但也指出孤獨之必要：雖然他知道孤獨難捱，但是他也知道他若要寫作，就必須孤獨。**當今社會最常見，也最為大家接受的孤獨追求，就是度假**。在度假的時候，我們可以理直氣壯的撇開慣常的環境和職責，放任自己鬆懈一小段時間。這時我們隻身到有點荒僻的地方，或許是鄉野，或許是我們沒認識幾個人的城市，而在那裡從最接近我們的人、事、物裡尋求滋養。我們在中國木刻裡常常看到這種暫離塵囂壓力的景象。

在繁忙的人生裡，有這麼一小段時間可以拋下一切，對我們的身心都有滋養、補充的功用。說不定這也是睡眠之所以具有再生功效的關鍵吧：睡眠其實也就是完全脫離外在的世界，入睡等於是每天要安排出一段時間和地點，讓自己完全擺脫他人，陷入孤獨之中。睡眠所需的私密空間和孤獨時刻，和我們在前兩章裡說的孤獨，完全不同。第一章所說的孤獨，是絕望的孤獨，是「孑然一身、舉目無親」的孤獨，而這一章裡的孤獨，是膽敢像上帝一樣自行追求孤獨的興奮。而現在我們說的是比較天然的孤獨需求，是人體與生俱來的需求。說不定某些疾病，甚至是所有疾病，多少都可以看作是我們的身體要求我們暫時與世隔絕，暫時擺脫文化、文明的壓力，暫時撇下社交的來往。

不過，在此我們還是把問題集中在這裡吧：偉大的渴望是否始終潛藏在孤獨的渴望裡呢？一個人刻意離群索居的時候，是不是一定在追求「高人一等」呢？探入內在的心理層次，孤獨始終和渴求更好的東西有關。如我先前所述，創造的工作需要孤獨，我們可以說這是「內向」或是「蟄伏」的時刻。這類名詞說的都是一個人回歸到內心深處，沒有外人可以倚靠。這時的焦點放在內在，因此外在世界——社會——就沒那麼重要了。這時，便是我們面對個人命運的時刻了。

不論孤獨的追求有多正常——這是生命的舒張、收縮律動裡不可分割的一部份——我相信在孤獨的追求裡，始終帶有一份興奮，一份高人一等，一份追求更好的東西的感覺。**我們在追求人際來往之時，追求的是和人的接觸，人的溫暖，擁有他人的關愛的感覺。而在追求孤獨的時候，我們要的則是在人際往來裡沒有的經驗——深入自己的內在，探求精神上的價值，進入超脫的心靈境界等等。而這也應該視為正常。**

註釋

1.聖經〈創世記〉，第二章第十八節。

2.柏拉圖，《饗宴》（*The Symposium*），Walter Hamilton英譯（New York: Viking / Penguin, 1952）。

3.Elie Wiesel, "Keiner is allein wie Gott",〔No One is as Alone as God〕，收錄於Rudolf Water編的*Von der sieben Einsamkeiten*,（Basel, Vienna, Freiburb: Herder, 1984）, p.112。

4.這是榮格學說裡的一大基本概念，對榮格學說不熟悉的讀者，可以參照榮格著作，*The Archetypes and the Collective Unconscious*, Collected Works, Vol. 9.I, R. F. C. Hull，trans. Bollingen Series XX（Princeton: Princeton University Press, 1959）, §277。

5."Das grosse Gesprach: Teresa von Avila 1515-1582"，收錄於Walter Nigg, Grosse Heilige, 1946（Zurich: Diogenes, 1990）。

6.談論波許的書車載斗量，例如：A. Busch, *An Annotated Bibliography*（Boston: Hall, 1983）; James Snyder: *Bosch in Perspective*（Englewood Cliffs, NJ: Prentice Hall, 1973）; James Snyder: *Hieronymus Bosch*（New York: Excalibur, 1977）; Dirk Bax, *Hieronymus Bosch*（Rotterdam, 1979）; Jacques Chailley, *Jérôme Bosch et ses symbloles;*

essal de dêcryptage (Brussels: Palais des Acadêmies, 1976); C. A. Wertheim Aymês, *Die Bildersprache des Hieronymus Bosch* (Den Hag, 1961) 等等，不及備載。

7. 福婁拜 (Gustave Flaubert), *La Tentation de Saint Antione*, Kitty Mrosovsky 英譯本‧*The Temptation of St. Anthony* (London & New York: Viking / Penguinl, 1983)。

8. Wolfgang Braunfels 編，*Lexikon der christlichen Ikonographie* (Basel, Vienna, Freiburg: Herder, 1974), Vol. V.。

9. Joseph Conrad, *Heart of Darkness in The Portable Conrad*, Morton Dauwen Zabel 編 (New York & London: Viking / Penguin, 1976), p.585。

10. *Heart of Darkness*, p.560。

11. 有關這一部份之歷史沿革，大部份有賴 Renate Möhrman 的著作指點，*Der vereinsamte Mensch: Studien zum Wandel des Einsamkeitsmotivs im Roman von Raabe bis Musil* (Bonn: Bouvier, Herbert Grundmann, 1976)。

12. Andreas Gryphius (1616-1664), "Einsamkeit"〔Solitude〕，收錄於Volker Meid編的*Gedichte und Interpretationen, Band 1: Renaissance und Barock* (Stuttgart: Philipp Reclam jun.), p.231。英譯由我自譯。

13. 例如他畫的《壯麗嬉遊》(*Gallant Recreation*)，畫裡就是五、六對情侶在大自然的風光裡談情說愛、歌唱舞蹈，五、六對看起來是在一起，實則是各自獨處。

14. J. G. Zimmermann, *Ueber die Einsamkeit*, 4 vols. (Leipzig: Weidmann, 1784-1785)。

15. Fritz Riemann (1902-1979), *Die schizoide Gesellschaft* (Munich: Chiristian Kaiser, 1975)。萊曼是位德國心理分析家，對榮格理論和占星學非常有興趣，最有名的作品是 *Grundformen de Angst* (Munich: Masselle, 1975)。其他的作品有 *Grundformen helfender Partnerschaft* (Munich: Pfeiffer, 1974), *Lebenshilfe Astrologie* (Munich: Pfeiffer, 1976)。

16. 這兩段文字取自Hans W. Eppelsheimer編的*Petrarca, Dichtungen, Briefe und Schriften* (Frankfurt: Insel Verlag, 1980), pp.28, 15。

17. Francesco Petrarca, *The Life of Solitude*, Jacob Zerlin英譯 (Westport, CT: Hyperion Conn., 1985, reprint of 1924 edition)。

18. 我用的版本是Jean-Jacques Rousseau, *Die Bekenntnisse, Les Confessions, in Oevres complētes* (Paris: Editions du Seuil, 1967)。

19. *Les Confessions* 收錄於 *Oevres complētes*, Preface by Jean Fabre. (Paris: Editions du Seuil, 1967), Book I, 3: p. 22。英譯由我自譯。

20. Henry David Thoreau編的 *The Portable Thoreau*，附有Carl Bode的導言 (London: Penguin, 1947, 1977), pp.4, 12。

21. Ralph Waldo Emerson，引述於*The Portable Thoreau*, p.7。

22. *The Portable Thoreau*, p.12。

23. *The Great Mother: An Analysis of the Archetype*初版於一九五三年問世，經Ralph Manheim譯為英文，收錄於Bollingen Series, Vol. 47（Princeton: Princeton University Press, 1964）。書中提供了我們豐富的資料，可以了解現代和古代「大地之母」的各種變型。

24. Bernardin Schellenberger的文章，"Ins Gelobte Land der Groben Einsamkeit"，收錄於*Von Der Kraft der Sieben Einsamkeiten*，由Rudolf Watler編輯（Basel, Vienna, Freiburg: Herder, 1984）, pp.19-32。

25. Erich Neumann, *Ursprungsgeschichte des Bewusstseins*，或者*The Origins and History of Consciousness*, R. F. Hull英譯，收錄於Bollingen Series, Vol. 42（Princeton: Princeton University Press, 1954）。

26. Erich Neumann, *The Child*（Boston: Shambhala, 1990）, p.122。

27. Friedrich Nietzsche, *Thus Spake Zarathustra*, Thomas Common英譯本（New York: Random, 1982），或是Walter Kaufmann英譯本（New York & London, Penguin, 1978）。

3

心理治療

Psychotherapy

苦樂交參的孤獨事實

在這一章的第一節裡，我要將主題放**在孤獨的心理治療上面**，或者說是**孤獨這問題在心理治療裡的焦點**為什麼要放在孤獨的雙重矛盾情緒或是多重情緒上面。其實，我們在前兩章裡談到的截然不同的狀況，多少在正常人身上都可以看到，不論他們是以孤獨為樂，還是以孤獨為苦。其實從開始以來，大部份的時候孤獨就是這樣，只是大家很難體認到這一點。我的病人在講起各自的孤獨體驗時，大部份都是抱怨他們覺得孤單，沒人了解，孤立無助，甚至被排斥，有些則十分渴望獨自一人，擺脫他們覺得避不掉的義務、責任，有人說沈浸在孤獨時刻會有迷醉的反應，再也有人只是喜歡偶爾可以獨處一下。可是，在這兩極之間，極少有人有辦法說出他們內心對孤獨體驗交纏不清的不同情緒。

沮喪的客戶對於孤獨蘊含的雙重情緒，雖然自己還是不甚了了，但是，一般算是表達得最清楚的了。他們在意識裡，因為覺得自己和別人不一樣、和別人格格不入，而很不好受。他們覺得別人都不了解他們，常常侮辱他們，看輕他們，排斥他們。這是最常見的主訴。但是，他們卻也常常逃入孤獨裡面。由於覺得被排斥是件很沒面子的事，所以他們覺得自己不配和人接觸，因此會將自己和世界隔絕開來，和外界之間的依附便也隨之失去。①對自己負面的印象，主宰了他們的意識。可是，覺得自己非常特殊的感覺和希望，卻深埋在他們的無意識裡；他們覺得世人根本就看不出來他們的價值。

古代詩人荷馬筆下的貝勒若芬，便是遠古的一個沮喪病例；在他身上，孤獨的多重情緒反應表現得很明顯。大家都知道在神話故事裡面，貝勒若芬想騎著飛馬佩格瑟斯(Pegasus)，飛到奧林帕斯山上的眾神國度，但是，他的偉大計劃失敗了，而跌到了愛琴海裡。至於他跌落愛琴海後，眾神又是怎麼懲罰他的，就比較少人提起了。依荷馬所述：

> 貝勒若芬備遭眾神痛恨，
> 在艾連恩平原四處遊蕩，孑然一身，
> 憔悴孤獨，亡命於

人類形跡之外。②

詩中說他「憔悴孤獨」，可見貝勒若芬見拒於眾神，於他是何等痛苦之事。可是，荷馬在詩裡沒說清楚，貝勒若芬之所以逃避人類社會，是不是因為見拒於眾神，也就是說他亡命於人類形跡之外，是因為遭眾神懲罰而羞於見人，還是這便是眾神給他的懲罰；他是既遭流放、又遭排斥，還是因為遭到排斥而自我流放。當今世人常常因為覺得遭排斥而自我流放，我們從佩脫拉克、盧騷、梭羅等人身上，看到的便是這種反應。可是，這些人似乎還蠻能享受其中的滋味的。特別是梭羅和佩脫拉克，好像還將他們孤獨的情境、樂趣，予以美化：這樣子，他們被排斥的痛苦，就好像可以進一步否定掉了。讓兩種情緒狀態同時並存，是非常困難的事。一般人都是表面上像是對自己和世界的隔閡頗以為苦，但在無意識裡，又渴望這種狀態。在放下貝勒若芬這個例子之前，我們得先提一下，貝勒若芬的行為在眾神眼裡等於是「驕狂」，狂妄之至，因此才遭眾神懲罰。既然他把自己放在眾人之上，認為自己與眾不同，因而要追求更高的目標，高達眾神所在的奧林帕斯山巔，這麼狂妄的舉動，自然就該以與世隔絕來懲罰。貝勒若芬的野心讓他拋棄塵世，所以，他承受的懲罰，就是被塵世拋棄。一般人在自尊心受損、對自己失望，對別人對他們的看法失望，或是對他們和別人的關係失望的時候，常會遁入孤獨裡面。

孤獨的現實，是苦樂參半的？不錯，我們對孤獨的態度，基本上正是矛盾的，不過，我們內心深處最真切的感情，一般都交纏著極為矛盾、看起來好像水火不容的相反情緒：例如我們對所愛的人，通常是愛恨交加；我們在遇上需要發揮道德勇氣的情況的時候，內心裡常是怯懦和勇敢交戰；看見災難的時候，不忍和好奇也會連袂出現。這於人類其實是正常的，只是，我們不太願意承認自己的情緒是這麼複雜罷了。威爾福（William Willeford）提出了「複雜情緒判斷」（complex feeling judgement）這說法，來形容這類的反應③。心理治療的一大目標，就在協助我們了解自己內心深處的複雜情緒，包容自己的複雜情緒，讓自己這種正常的混亂情緒，可以存在於日常生活的情緒反應裡面。所以，了解我們不只因為孤獨而苦，同時還會因為孤獨而將自己朝孤獨裡更推進一步，便是我們要理性的判斷自己、判斷我們的處境時不可或缺的條件。我們若是無法真切了解自己身上並存的這些分歧、不和諧的狀態，我們就無法做出適當的調適。

有位我們姑且叫作凱西的女子，因為覺得自己的嫉妒心太強，而來看我。她常覺得男友排斥她，特別是男友提到別的女人的名字時，她更是嫉妒難耐。那些女人根本不必出現，她的男友只需要提一下她們的名字，就算是他很久以前認識的女人，就可以在她心中引發嫉妒的怒火。而嫉妒常是把人推入隔絕狀態的一種羞辱情緒：在妒火中燒的時候，當事人常覺得孤單，被誤解，因而會把自己推到孤獨裡去。當事人覺得沒人了解他，但其實是當事人對內心裡這種不應該有的情緒，自己都不了解。在過了一陣子，凱西知道我了解她這種情緒、我接受她可以有這種情緒後，話題就轉到凱西更普遍的情緒問題上了，而發現凱西每次覺得受傷害時，便會把自己封閉起來。每次她覺得男友的反應不合她的期望時，她的反應就是馬上轉向，要嘛寫信，要嘛打掃房子，要嘛去逛街，要嘛去游泳，要嘛慢跑，要嘛跳舞——而且全都是自己一人去做。她一覺得被人排斥，就轉向別的事，這樣有很長的歷史了，好像是她被排斥的感覺出現時的半自動反應。因為她是家裡五個孩子裡唯一的女孩，所以，從小她真的常被人扔在一旁：她那幾位哥哥，不喜歡小妹妹整天跟著他們。而凱西的母親，只是一味的討好父親。凱西的父親是個滿腹牢騷的人，什麼都看不順眼，整天就是指責這、喝斥那的。凱西從她生命的初期裡，便學到了幾樣基本的行為模式，此後一直在無意識裡依照這模式過日子。每次她覺得被人扔到一邊時，她便寫寫東西。她覺得待在家裡很無聊時，她母親還曾經建議她「何不寫篇小說呢？」她也學到要出人頭地，才會贏得注意，所以她努力運動，可以游很長的距離，固定慢跑，也跑得不錯。凱西很早便專心在寫作和運動兩件事上，而且目的都在出人頭地。她需要孤獨一人，她需要出類拔萃，需要與眾不同；也就是說，她要做個孤獨英雄。凱西每次遁入孤獨，都是為了要做一顆閃著傲人光芒的鑽石，她必須孤獨，因為她與眾不同。可是，麻煩的是她真正要的東西、她真正需要的東西，其實不是這個。每當她覺得孤獨，覺得被排斥，覺得沒人了解她時，她要的其實是要和人建立起強烈的依附關係，甚至可以說是共生式的關係。她的自尊心很不穩固。

凱西治療的一大突破，出現在她發現她對被人扔在一旁真正的感覺是什麼的時候：她發現她的感覺裡面，有極大的成分是憤怒。她一直忽略了這最基本的感覺，以致常常以強烈的攻擊來取代，讓她不時幻想暴力攻擊的場面。她了解到這點，是有次到國外度假，有天在郊外散步，走著走著就把當地的農夫幻想成一群帶著機關槍的暴徒，躲在山嶺後面，瞄準她準備射擊。這幻想太清楚、也太荒謬，搞得她回家之後驚駭不已，不停自問：「這是怎麼回事？」我們也因此終於可以開始討論她長久壓抑在內心深處的攻擊慾望，以及這攻擊慾望深植在她覺得受忽略、覺得被看輕的感覺裡。不消說，這類的幻想很快便不再折磨她了：她的夢和想像，在這時幡然一變，換成了對愛的需求。

凱西的情形就是既渴望孤獨，又害怕孤獨。幫她了解她這雙重情緒，並不容易。她對自己渴望孤獨的情緒，了解得比較少，她比較清楚的是她覺得老是被人扔在一旁。她的退縮方式非常細膩。她不只是常常跟人說她得回家去讀些什麼，或是寫些什麼，她在日常生活裡的人際接觸，也是動不動就退縮到孤獨裡去。她這行為模式，或者是說她這拒絕溝通的模式，後來成為我們治療時的重點，原因很簡單，因為我注意到我常在治療時打瞌睡。有天，我覺得我得告訴她，跟她講話不打瞌睡很難。在那以前，我一直不願告訴她這點，怕傷了她的自尊。而我一說出來，她是真的覺得難堪，但同時也很高興她自己的觀察得到了證實。她其實早就注意到我硬撐著不打瞌睡的樣子。她也很高興終於有機會和我討論她長久以來一直懷疑的一點：她其實一直覺得自己和外界之間，橫著一條鴻溝——她叫它避震器——由於不想被別人傷害，她會想辦法不讓別人靠她太近。每次和別人在一起的時候，她一定擺出敷衍的態度，從不真正坦露她真正的感覺。這「避震器現象」，成了我們治療時一個重要的主題。凱西開始能夠注意她覺得該請出避震器的時候，她內心裡真正的感覺是什麼。她開始可以問自己是不是真的需要把自己保護得這麼嚴密。一旦有了這進展，她覺得被人扔在一旁的感覺，就開始減輕了，因為這時，她開始願意讓別人親近她了，這樣一來，她自然也不再覺得那麼孤獨，那麼無助，而且學會怎樣和自己、和別人建立起比較親近的關係。而出現這調整的一個轉捩點，就是我讓她知道，我在跟她說話的時候常常忍不住要打瞌睡——因為她這樣等於是把我關在門外，斬斷她和我或是和她自己真正的聯繫。

自己的房間

人類天生是合群的動物。所以，我們和別人的關係若是斬斷了，就會活在無聲的情緒真空裡面。我們需要的回應，我們的投射屏，我們的想像和情緒的目標，我們的溫柔，我們的同情，都會因之而失去。和別人的對話一遭斬斷，我們感知自我、感知外在現實的能力，就會大為受限。葛瑞桃唯有在擁有自己的房間之後，才有辦法看清楚鴨子載不動韓瑟和她兩人的事實。在她有這重要的經驗之前，她的世界，不是森林裡的薑餅屋，就是那狠心的母親，而在這兩者之間，別無其他。灰姑娘在長大成熟，可以做個妻子、做個王妃之前，同樣依違在悲傷、孤獨的女僕和穿金戴銀的美麗、風騷公主之間，別無其他。只要她還是和別人隔絕，她就沒辦法看清楚自己是什麼人。她和外界缺乏真正溝通，反映的是她和自己的內在世界缺乏真正的溝通，她因而無法看清楚自己。而她缺乏自信的情況，則由她在內心裡勾劃出來的偉大渴望來彌補。灰姑娘和她偉大渴望之間唯一的溝通，就只是這樣。可是，我們每個人除了這類自以為偉大的祕密渴望之外，還有別的。我們唯有找到我們自己的房間，住在我們自己的房間裡面，我們才會喜歡和人來往。

「自己的房間」，是伍爾芙用來形容女性若要寫作，所必須要有的條件。④她這「自己的房間」，指的是女性專屬的空間，可以讓她做她自己、不受打擾的地方。可是，這房間又是在一棟有別人居住的屋子裡面，所以，擁有這間「自己的房間」，並不是和外界、和她自己個人的世界切斷聯繫。「自己的房間」，並不是與世隔絕的隱居處所，而是一處「起居空間」，保有部份私密的個人空間。依伍爾芙的看法，在這樣的空間裡面，女性才有可能發展她的創作才能：唯有享有這份孤獨，她才有辦法接觸到她自己。這表示溝通——和自己內在世界溝通，和自己的外在世界溝通——其實是空間阻隔最終的目標，而外在世界，正是女性寫作的讀者所在之處。這房間並不是與世隔絕的，而是位在一棟女性歸屬的屋子裡面；這自己的房間，是連接在她自己的個人世界裡的，她因此能和她自己的世界接觸；這世界和她的距離，不是非常遙遠。這樣，她才能在有需要的時候，隨時想像自己和它接觸。所以，這樣的孤獨不是被迫式的孤獨，而是自願式的孤獨，同時也是相對的孤獨，容許變化，容許扭轉，容許變動。

我們每人都需要擁有這類內在的心靈空間，才能發展出成熟的人格，而伍爾芙說的這「自己的房間」，是我所知最恰當的說法。我相信一個人既能孤獨又能合群，不只是我們人格發展的目標，同時也是不可或缺的先決條件。

榮格的學說，在這一點上常遭誤解。他以「個體化」（Individuaiton）為心靈發展的一個目標，認為這樣，個人獨具的性格才得以發展成型。他雖然常說要小心集體價值觀，但是，他絕對沒有貶抑我們注重集體、重視社會的重要性。事實上，我讀過一句話，覺得最能說明他對此的看法；他說：「一個人若是和所處的環境沒有關係，就根本談不上個體化。」⑤

我個人則要進一步指出，心理治療的目標，就在發展一個人既可以保有孤獨的存在，又可以敞開心胸和自我、和外界進行對話。套用「自己的房間」這樣的意象，我們可以說找到「自己的房間」，就是心理治療的理想。我在這一章裡，就要討論這象徵意象在人類發展上的用處，也要透過幾則案例，探入心理治療的理論和實務面。而這意象隱含的最基本意義，當然就是獨處的能力。於此，我們的重點會放在獨處到底是什麼意思，獨處的能力怎樣從良好的童年經驗裡發展出來，缺乏這種能力的人會有什麼困擾等等。

放在純粹實務的層次上看，在心理治療裡過程裡，這「自己的房間」必須在實際的現實情境裡建立起來，是件非常重要的事。我在心理治療的過程裡，一再看見當事人到後來都覺得他們必須真的有這樣一間房間，這個意象必須有具體的實物來表現。這時，他們通常會有股衝動，去將他們自己的房間重新整理或是裝潢，把房間變成符合他們感覺的模樣：這時，他們才會覺得自己和某一起居空間，有了比較密切的關係，也才會有意識的去認同這一空間。例如有人覺得他得在房裡擺上一把搖椅，讓他可以舒舒服服的坐在那裡讀書。也有人覺得他要的一把躺椅，讓自己想躺的時候就可以躺在那裡。有了這樣的需求，表示他們已經了解到自己的需求是什麼，也開始認真對待自己的需求，會想辦法調整現下的生活條件，將自己的需求納入生活條件裡去。有的人甚至還得另覓生活處所，好讓他們可以照顧到自己的需求。而他們的需求，通常就是需要有多一點的空間，可以讓自己獨處。他們打理這新的起居空間的需求，也會化成實際的行動，而以個人喜歡的方式找出方法，去解決日常的問題：這時，他們的決定，他們的溝通，他們和外界的關係，同都可以由自己來作決定了，全都帶上個人的色彩了。這絕對不是說接受心理治療的人，會變得不肯去適應環境。正好相反，這時他們的適應，是比較有意識的，而不是由無意識拉著跑的。這時的人，和外界建立有意義的關係上的需求和能力，其實同都有所增長。

對擁有一間「自己的房間」發展出需求的過程，相當有趣。一般都會先有一段退縮的時期，一段躲進孤獨的時期。我們甚至可以說這是「蟄伏期」，這時，一個人退縮到內在的世界裡去，將他的心力集中在內在的發展上面。有了這段時期，他才有力量和自信，去給自己重新定位。這段時間，提供當事人時間和空間，思考自己當下的狀況，找出要走的新方向。放在心理治療的背景裡看，這時期並不是拒絕溝通的時期，而是向內溝通的時期，注意力放在自己內心的對話的時期。

而這時的心理治療師，便是當事人溝通的夥伴兼嚮導，鼓勵當事人去接觸自己的內心。這時，注意力要放在晚上做的夢和想像、記憶、思考、感覺、生理反應甚至痛苦上面，而這些常常只是隱約感覺到而已，聽起來像是耳語。這時的感情狀態，通常帶有極為重要的意義，因為不論是什麼觸動了我們和外界的關係、我們和自己的關係，這些全都是強烈的觸媒。重新啟動我們存在的這條長河的流動力量，是癥結所在。而這時，自然也是培養獨處能力的時候。

在這裡，我們可以前一章裡提到的米奇為例。他在治療時的主訴，有一樣是害怕分離，害怕說出他真正的想法、做他真正要做的事時，會被身邊的人拋棄。他也常說身邊的家人朋友不了解他。這時，他便會在情緒裡退入孤獨裡，有時，甚至連形體也退縮到孤獨裡去。米奇一方面害怕孤獨，一方面追求孤獨。這便是我們先前提到的沮喪和受創式退縮狀態。

在米奇的例子裡，孤獨的主題像是條紅線：不只是以惡性的模式，頑強的穿在他目前的生活裡面，也還決定了他過去的發展途徑：他在實際生活裡把這孤獨搬演了出來，也讓這孤獨成為他工作上主動的主導意象。我們先前已經知道他在少年時期，曾經以「神經性厭食症」的方式，退縮到孤獨裡面，這是他生命裡不堪回首的一頁，可是，我相信也是他發展上決定性的一點。米奇在家庭衝突不斷的環境裡長大，記憶裡的母親若是得不到她要的愛、讚美和配合，就威脅要離家出走，甚至自殺。他的父母時常吵架，而大部份都以他母親提出激烈的威脅結束。而他母親的威脅，之所以教米奇這麼難忘、這麼害怕，最主要的原因在他父親身上。他父親大部份時候都不在家，就算難得在家的時候，也是一副懦弱無能、一無是處的樣子。所以，他的父親無法提供米奇平衡的力量，可以強力制衡的立足點。所以，米奇也別無選擇，只能投向他父親為他建立起來的不可靠形象。

在這樣的環境裡長大，也難怪米奇學會把他所有的感覺、把他所有的意見，全都隱藏起來，也無法了解什麼對他比較好。從他的角度去看，對他最重要的事，就是保住母親的命，讓母親快樂；而要做到這一點，他覺得只有完全站在母親那邊才可以。而他躲到閣樓裡去不吃東西，是一種相當極端而且無意識的逃避行為，希望由此斬斷他和母親像連體嬰一樣的關係。深藏在他無意識裡的目標，其實是要釋放自己，讓自己可以長成為大人。如我在前一章所述，米奇也拼命想要在母親之外再找別的定位。他不太吃東西，模仿的是他節食的父親，也就是他在從雙親裡的另一方，尋找定位。而他躲在閣樓裡面，也讓他有機會可以接觸到自己的內心，特別是他內心裡的祕密部份：就是我覺得每個人若要長大——特別是青少年——都需要有的偉大渴望。

有鑑於神經性厭食症在當今嚴重的泛濫，我在這裡一定要再重述一次：這現象一定要從青少年想要做個獨立自主的人，想要掙脫家庭妨礙他發展的束縛這樣的角度來看。在米奇這個例子裡，他是個非常不穩定的孩子，活在只要追求個人的獨立自主或甚至只是個體化，便會遭到被拋棄的懲罰的環境裡面。若不是有這症狀，他對他那不穩定的依附對象的依附關係，極可能會更為嚴重、更為病態。

矛盾的是在他心理治療的早期裡，他發展出來的一個最有力的正面意象，居然就是洞穴。那是有次在我們談話時自動出現的，米奇覺得在洞裡很舒服，他在那裡完全可以獨立自主，可以邀朋友來玩，也可以自己一人獨處。從米奇的角度來看，這洞穴真是非常好的個體化的意象，呼應的正是我說的「自己的房間」。他想出這個意象，是有次在和我談話時，說起他害怕分離，或者說得更具體一點，就是害怕他若是對他太太不夠體貼，他太太會離他而去。而我們很容易便將他心裡的這份恐懼，拉到了他幼時和母親的關係上；那時，米奇得隨時隨地去應和母親的想法，就算只是一時的突發奇想，他也得小心應付，免得他母親因為兒子讓她失望而自殺。而這洞穴的意象，本身便有母親的象徵、有另一層補償的意義，這時便也相當重要了。米奇若是找得到一個地方，可以讓他完全放心的待在那裡，那麼，他就可以接納自己；或者我們可以說是，他就可以將母性的溫暖納入自己之內，覺得這份母性的溫暖是深植在他之內的，而讓他和自己的生命活力有所接觸。這時，唯有這時，他在獨處的時候，才不會覺得是被人拋棄的。這個洞穴，當然也可以說是「自己的房間」。

獨處的能力

一個人獨處的能力，全看他和他的內在世界及其意象——也就是一個人能量的中心——是不是有所接觸，而且，這關係是不是牢靠。能夠獨處的人，絕對就是和自己的關係，和自己人格裡親密的元素的關係，頗為良好的人。我在第二章裡，講過擁有堅固的內在意象是十分重要的事，這樣才會有牢靠的情緒聯繫，提供我們正面而且持久的陪伴，不論外在環境怎樣。心理治療要做的，就是建立一個人和他的內在世界的接觸。而其根據的模式，和威尼考特指出發展獨處能力時居關鍵地位的童年生活經驗，有極為相似的地方。

威尼考特原本是小兒科醫生，後來轉任心理分析師，他的著作一再以孤獨為主題，舉之為每人生命裡重要的組成。他曾在一篇文章裡面，提出小嬰兒需要「在他人面前獨處」的觀念。他說小嬰兒在這種「有伴的孤獨」裡面，便擁有時間和空間去感覺自己的心理衝動是什麼，依照自己的心理衝動行事。威尼考特覺得唯有在這種理想的條件下，嬰兒才有辦法探索自己的內心，才有辦法感覺自己內心的活動。這類經驗有一大基本條件，是嬰兒必須在不受大人打擾、但仍有大人陪伴的情形下，探索自己的存在狀態。這有人為伴的條件，品質如何，是一大關鍵：孩子必須感覺得到有人陪在身邊，但又不覺得遭到侵擾。這表示陪在一旁的大人，不可以提要求，不可以表達期望，甚至不可以作善意的干涉，像是跟孩子說什麼事該怎麼做之類的。(我相信就是要在這時候，我們才會了解即使是很小的孩子，也會表達他需要有人陪他入睡，甚至睡在他身邊。有人這樣默默的陪在一旁，孩子才能安心的遁入他自己的私密世界裡去，安心入睡。這樣，孩子面對的，才不是空洞的睡眠裡不知躲著些什麼的恐懼，這樣，孩子才能在溫暖而且安寧的情境下，深入他內心深處未知的新領域去探險。這時，放下一切才會成為美好的經驗，而不是飽含恐懼。）威尼考特明白指出這類的經驗，是**成熟人格可以面對孤獨的基礎**。有了這樣的經驗烙印，我們在孤獨時刻，才不致覺得太難過，因為有這可靠的正面心象，在我們的內在世界托住我們。至於默默陪伴在嬰兒身邊的人，威尼考特雖然沒有明指出來必須是個怎樣的人，但想也知道，這人一定得是個有同情心的人，包容一切的人，在身邊給予溫暖但又不是侵犯私密的人。在這種情形下，一個人才會覺得孤獨是很安全的。

在心理治療裡，也有同樣的情形。進行治療時的安排，必須能讓當事人有時間和空間，探入自己的內在世界。這時，一聲不吭並不是罕見的事：沈默往往會是治療裡的重要元素。沈默為當事人開啟了深入內在的大門。而治療師陪在身邊，是項必要條件；有治療師在身邊，等於是有人在一旁托住當事人，但不對當事人要求這、要求那，而讓當事人有自由討論內心感覺和心理衝動的空間，進而由心理衝動帶領，探入衝動的深層。營造這類私密空間最終的目的，就和威尼考特說的小嬰兒一樣，在培養獨處但不孤獨的能力。心理分析師在這裡，就和照顧嬰兒的人一樣，只給予溫暖的陪伴，但不侵犯，只扮演鼓勵、同情的角色，永遠給予可靠的支持。他們就像通往內在世界的守門人，有他們在門口守望，我們才敢深入我們的內在世界，打開和內在世界的溝通管道。而我們和內在世界接觸，和深埋在那裡的生命、意象、能量、慾望接觸，是一切心理治療的最終目標。無人陪伴，這目標永遠無法達成。在有人相伴但不侵犯的情況下，孤獨面對世界，是所有健康的心理發展必備的條件。

無法孤獨的問題

而要看看一個人擁有獨處但不孤獨的經驗有多重要，最好的方法，可能就是看看反面的情形了。約翰第一次來找我的時候，這位年輕人跟我說，他從來不記得他有自己一人獨處的時候。他自願從軍，就是為了逃避他母親對他無微不至的保護，也難怪他老愛說「我要把一切全都丟掉，拋棄一切獨自過活，（頓一下）我愛孤獨！」而且說時還很得意。而他說這些話，背後要的到底是什麼，在他剛接受心理治療沒多久的時候，就顯現出來了。那次，他來的時候心煩氣躁，因為他覺得胸口很悶，像是有極大的壓力。這症狀又跑出來了，真教他氣惱：因為他已經開始接受心理治療了，已經對自己有了這麼多的了解，怎麼還會有這問題呢？我決定幫約翰找出這壓力到底是怎麼回事。我在此無意覆述我們是怎樣找到這生理症狀的來源，又是怎樣解決的。我在我以前寫的有關混亂的書裡，已經談過這類作法了。⑦在此，我只需要說，我們仔細注意他的症狀之後，約翰終於可以了解他諸多生理反應到底是怎麼回事，而畫出一幅畫（見圖9）。

約翰之所以尋求心理治療，是因為他胸口老是有痙攣的問題，教他覺得很擔心，才來求助。他這樣形容他的困擾：「好像有個很重的東西壓在胸口，讓我覺得好緊張，緊張得要咬指甲，雖然我不想咬指甲，但是我就是沒辦法不咬指甲。」幸好約翰面對這些症狀的態度相當不錯：他覺得這些只是症狀，只是他不了解的問題外在的表現。他既沒有排斥它，也沒有忽略它，他去看過醫生，在找不出來生理的病源後，決定試試看心理治療。他知道這樣做，便是看待生理困擾的健康態度：當今有許多人把生理問題限定在生理的反應上，只認為純粹是生理的困擾。可是，有許多生理的困擾，是心靈問題的反應，我們甚至不妨說是整個人的問題。我們的身體有辦法發出痛苦的呼叫，讓人注意到它的痛苦，但是心靈的溝通管道──恐懼、沮喪、憤怒、不安等等──在在都給人太大的壓力，教人不想承認。

約翰家裡只有兩個孩子，住在一處小城裡。雖然他從來不和哥哥打架，但是，他從來就沒喜歡過他哥哥。長大後，他們也沒吵過架，但兩人也不太來往，約翰甚至會刻意避開和他哥哥接觸。約翰在二十歲時離家，而且還是因為從軍，才有辦法離家。現在，

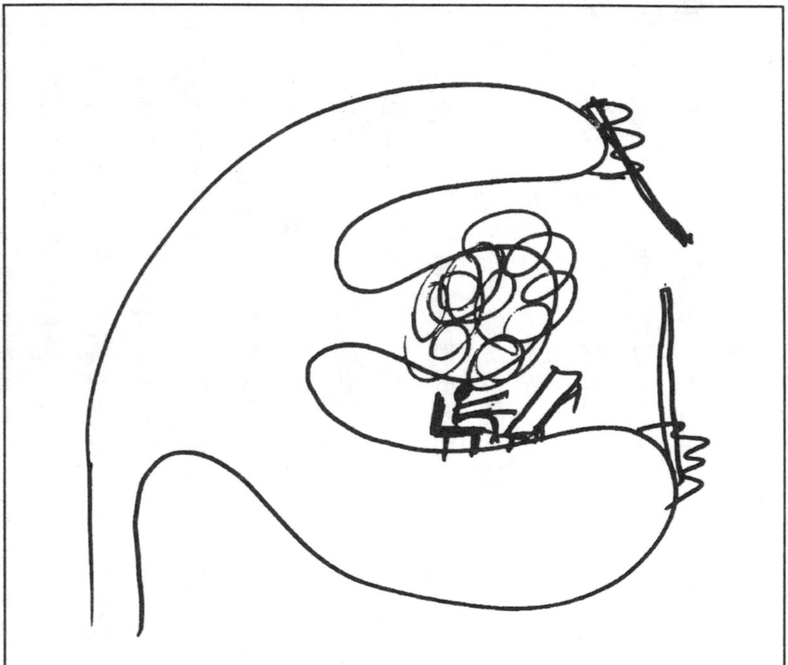

圖⑨：約翰的想像意象。作者同意使用。

他住在大城裡，極少回家探望家人。他對此頗覺得歉疚，但是，他就是沒辦法回家。他每次不得不回家的時候，在家裡始終渾身不自在。

我們先看看約翰自己怎麼形容他畫的畫，之後再由我說明我對他畫中蘊含的意義的看法。畫中籠罩在中間那個木棍一樣的小人上面的東西，是他母親，這位現年三十歲的年輕人，從來不記得他母親有讓他獨處的時候：她隨時隨地都待在他身邊。她在他的生活裡如影隨形，而且會以許多方式表現出來。她老是要幫他做這做那，即使到現在都還是這樣。他若告訴母親他想去牙買加度假，他母親馬上會給他寄來旅遊介紹的小冊子、地圖等等資料，而且，全都是因為她到處和人談他的旅遊計劃，而蒐集來的。他母親的生命意義，好像就是在掃除她的孩子所會碰上的任何困難，保護他們不受任何傷害，為他們鋪路過好的生活。約翰九歲的時候，跌斷了腿，有一陣子沒辦法上學。結果，他母親替他去上學，免得他功課跟不上。放學後，他母親還盯著他學當天學校教的東西，做家庭作業。這只是約翰記憶裡母親無所不在、給他帶來極大壓力之一端。可是，要他這樣說他母親，也讓他很不好過，因為他知道他母親全是為了他好。她全是要幫他過得好，她為了孩子犧牲掉自己的一切。他在心理治療時說起這些，心裡就對全心照顧他的母親好不愧疚，可是，他卻也有一吐為快的輕鬆。

我們得進一步看看約翰畫的細節，才能多了解一些背後的寓意，他的痛苦和孤獨這主題之間的關係，也才會顯現出來。約翰想要畫的，是他小時候承受的壓力。他小時候坐在桌前做功課的時候，他母親老是在他身邊繞來繞去，嘮嘮叨叨的要他做功課，這時他就會反抗，反而想要出去玩。他母親就會把他鎖在房間裡面，直到他做完功課為止。這時，他一點也沒辦法專心在功課上面，只是覺得有人逼他做他不想做的事。可是，這時他又沒辦法去做別的事。他就坐在那裡，滿腦子混亂，無所是從。那感覺就好像是他母親老是強迫他依她的命令做事，強迫他依她的指揮過日子。結果，他只覺得他母親老是虎視眈眈的跟在他後面，一遍又一遍的重覆同樣的調子，要他乖乖上學，乖乖做功課，乖乖上學，乖乖做功課……可是，經由心理治療，約翰開始了解他這壓力其實來自於父母雙方，雖然這壓力是由他母親這邊流洩出來：他父親沒受過多少教育，是個建築工人，工作的時數很長，非常辛苦，可是，把家照顧得相當好。他一直希望孩子可以過得比他好，而孩子若要過得比他好，就得接受比較好的教育。當然，這就表示約翰書要唸得好一點。很不巧，約翰唸得不怎麼好。

所以，現在我們若再看看約翰畫的畫，又會有什麼印象了呢？現在我們再看這幅畫，畫中的景象看起來便不再是專橫的母親和可憐兮兮的孩子了，這時，約翰和她母親反而像是機器裡的兩個零件，組合在一起，像齒輪和嵌齒一樣。那堆代表約翰母親頭髮的圓圈，在這上面的寓意最為明顯：那堆圓圈同時也代表約翰頭腦裡的混亂。從母親頭上長出來的東西，也就是她的頭髮，便象徵約翰大腦裡的想法。而這幅畫裡沒有空間表現——約翰和他母親之間沒有空隙，甚至約翰的書桌都被他母親包得緊緊的——這是件很有意思的事。這說的是無路可逃：沒有自由的空間，沒有私密的處所，這便是約翰問題的癥結所在。而兩人的手臂看起來很像：約翰和他母親的手臂全朝前伸出去，呈現一副無助的姿態。約翰相當清楚自己的無助，但是，他母親的無助，他一時沒有看出來：因為她握有指使他的工具，她是指揮他的人，這當然是很清楚的事實，但是，她其實和約翰一樣無助。她是給約翰莫大的壓力，拼命要他把書讀好，甚至把他鎖在房間裡面，功課沒有做完不讓他出去玩。可是，內在裡，她其實一點力量也沒有，儘管她下了這麼大的功夫，約翰還是中途輟學了，而沒有拿到學位。有天，他就是不肯再上學，就此和學校絕緣。這放在內在的心靈層次上看，表示約翰（和他母親一樣）自己也給自己很大的壓力，而且，這壓力是沒有作用的。面對這他自己給自己的壓力，他唯一能做的，就是逃掉，就像他輟學一樣。

約翰和他母親在這幅畫裡的差別，需要特別提一下。約翰把自己畫成像鐵絲做成的僵硬人形，都是稜角，沒有圓滑的地方。他母親就正好相反，是個圓圓胖胖的形體，身體的各個部位——頭、身軀和四肢——匯成一氣。畫中的小男孩和包圍他的東西比起來，顯得很小。這些對比，反映的是現實的狀況，小孩和父母之間形體的比較，真的會有這麼巨大的差別的。卡夫卡（Kafka）在他寫的《給父親的信》（*Letter to His Father*）裡，對孩子和父母形體的差距之大，便有深刻的描寫。⑧我們作父母的人，對這一點應該時刻牢記在心，因為我們的一舉一動，甚至是臉上的表情，在孩子面前都會有放大的效果。也就是因為這樣，父母的關係才會這麼重要：親子之間力量的差距，幾乎和巨人手裡抓著一隻蒼蠅沒兩樣。而約翰畫的，並不是一個小孩子安然靠在一個可靠、堅強的臂彎裡面，而是一個小孩子受到外界的威脅，充滿危險。約翰和他母親之間的關係，和約翰小時候常常出現的可怕幻想不謀而合。他常在躺在床上時，覺得四面的牆壁朝他逼來，愈靠愈近，直到把他整個壓扁，整個消失為止。他這幻想等於是現實處境具體的反映：他和他母親之間沒有疆界，沒有限度。她無所不在，而且愈逼愈近，逼得孩子沒有發展的空間。這是一種共生式的關係，幾乎要把孩子悶死。這時，約翰掙脫幻想的方法就是：用力捏捏自己，從床上爬起來，伸手去推牆。一推再推，就是要把牆推回原來的地方，可是，四面的牆還是一直朝他逼來，而他也一直反抗，到後來牆壁突然退了回去，約翰也就可以安睡了。只是，這樣的幻覺會一再重演，一夜又一夜。

我們在這裡看到的是「**獨處但不孤獨**」的反面。約翰晚上做的夢，還有他畫的畫，表現的都是緊纏著他不放、要求很高的母親，雖然對他的助益不小，卻也把他獨處的機會，全都壓縮掉了。這表示他幾乎沒有機會可以長大成熟，做個獨立自主的人，沒人願意讓約翰一人獨處，不論是心理上或是生理上的獨處。他根本找不到私密的空間，可以去接觸自己的內心，去認識自己的人格特質，去體會自己的需求、自己的喜惡、自己的衝動等等。他的母親無所不在，無所不管，甚至連上學都要越俎代庖，而學校於他，應該算是他個人專屬的領域。可是，他母親卻又是一片善意，這就更教孩子為難了。

約翰在小的時候，無法享有「獨處但不孤獨」的經驗，因而出現的一個結果，就是他長大成人之後，老是要從別人身邊逃開。他非得這樣做不可，否則就無法擺脫掉他覺得別人給他帶來的壓力。每次他聽到朋友請他到家裡作客，他就覺得那是要求，而不是邀請；這時，他不由自主就是要拒絕，就是要退回他自己的世界裡去做他自己的事。約翰唯有獨自一人，才會覺得他可以做他自己，身邊再也沒有人老是要指揮他這樣、那樣的。可是，約翰後來在治療過程裡也發現到，就算他獨自一人的時候，他還是覺得身上承受著無比的壓力。這於他是很重要的突破。因為他老是壓迫他自己——要多學些什麼，多讀些什麼，就算騎腳踏車作運動的時候，也要騎久一點。他已經將母親那邊加之於他的繁重壓力內化了，以致他母親根本就像是住在他的身體裡面，而由這情形出現的壓力，他又每每將之投射在外。將內在的壓力投射在外，於他當然是比較輕鬆的作法，因為，這樣他就是站在反抗的那一面，而可以把自己的問題整個拋諸腦後。當然，他這躲在他心裡的那個人，始終對他不滿意，因此，約翰幻想自己誰也不需要，而在他給自己套上的孤獨形象裡，他也就變成了英雄——也就是先前提到的偉大渴望。這時，他就可以從那個老是以為自己笨得可憐的學生，在他的幻想世界裡搖身一變，變成了誰也不需要的英雄，變成了書讀得比誰都要多，騎腳踏車運動的哩數比誰都要多的人。他在生活裡隨處都找得到題材，把自己變得很偉大。而孤獨一人，是他偉大的必要條件。他誰也不需要，因此，他是個英雄。

在心理治療的過程裡，約翰必須獲得很不一樣的經驗，才能使那位從來不敢告訴任何人他害怕別人靠得太近、他害怕別人會要求他這樣、那樣，他害怕別人會支使他的小男孩，蛻變成為可以和人傾訴衷曲的成熟大人。他一個禮拜來我這裡兩次，前後共四年的時間，於他就變得十分重要了。這是他自己說的。因為他從來沒想到他也有能和人傾吐這些事情的一天。而蟄伏在他內心深處的記憶和想像，也一再教他驚異不已。這並不是說約翰在治療的過程裡，從來沒有對立的時刻：他有，而且這對他還很重要，因為要他去附和治療師，於他也等於是一種壓力。當覺得他終於受夠了治療這牢什子的時候，他一說出來他心裡的想法，於他簡直等於是獨立宣言，而且說時怒氣沖天的，多的是攻擊，而少憐憫。他敢這樣拒絕別人照顧他，敢排斥正在幫他邁向成熟的人，正是他從來不敢對他母親、父親表達出來的感覺。在心理治療的這一關鍵時刻，讓他感受他自己解放自己，於他是十分重要的。他覺得好興奮，也很得意他做到了。待他回顧他這四年來在心理治療過程裡經歷的一切，他終於了解他這解放，於他是在他家裡始終得不到的重要成長。

約翰的故事，為我們說明的是**找到「自己的房間」**的方法之一。到了治療快要結束的時候，他已經不再自陷於孤獨當中，也不再渴望孤獨了。他已經找到了他自己的房間，可以讓他安適的房間。他可以在房間裡探索裡面所有的一切，同時又不必切斷和真實世界的聯繫。他的家人要求他成功的龐大壓力，多年來一直以各種方式壓迫著他，阻隔他和外界接觸的壓力，現在已經被另一個更大的世界所取代，這世界是他可以悠遊其間的世界，是他可以自在活動的世界。而他這間房間發揮的創造力，一路上也時有轉變。有了這房間之後，約翰從做到別人——同時也就是他自己——對他的要求，慢慢轉進到發揮自身的創作才華，他的創作才華在他接受心理治療前，就已經展現出來了。他這份特別強烈的創作衝動，漸漸也以日常生活作為發揮的領域。這時，處理他內心裡的衝突、他的需求、他的日常生活，變得比較重要了。到了治療要結束時，約翰已經可以自行用自己要的方式，去解決個人生活裡的問題，而不再由社會的期望拉著跑。而他對自己的價值的看法，也就是他的自我評價，也有很重要的改變。他漸漸可以了解他內心裡因為要逃避覺得自己很笨、很無能的想法，而萌生的偉大渴望，以及為了實現這份渴望而出現的一些行為。這一時是教他頗為傷感，因為他知道他因為排斥自己、貶低自己的價值，而在內心裡滋生了這類渴望。約翰的故事是個相當典型的例子，雖然是他個人的故事，但也是孤獨這問題的一個原型。我叫這為追尋自我的孤獨追求：這時偉大的誘惑，便是必要的成分，因為當事人必須由此，才能步向比較實際的自我評價。

孤獨的威脅

下面的這則故事也是真人真事，也同樣是個人的故事，但依然符合一個共通的模式。我叫它作因為覺得深受傷害，沒人愛，而身陷孤獨之苦。這故事裡的女主角，我們不妨叫她麗塔，她是位五十歲的中年婦女。婦女在這樣的年紀裡，生理的發展走到了另一個關卡，社交生活也步入了新階段，逼得當事人不得不重新好好看看自己的一切。更年期和人生任何的蛻變階段一樣，都是相當艱難的階段。若是過得順利，往後在回顧的時候，比較容易看得真切，知道那是生命裡一段審視自己的反省時期，這時之所以遁入孤獨，為的是要尋找生命的新狀態。

麗塔第一次尋求心理治療的協助，是在她三個孩子都步入青少年的時期，開始追求自己的生活的時候。到了這時候，她覺得孤獨，覺得家裡以前帶給她和孩子的溫暖，已經不再。她來找我的時候，她的孩子已經離家五年，而她對自己的生活還是十分不滿。麗塔在孩子長大之後，一直有個兼職的工作，等到孩子離家之後，她還是繼續做那份時數不多的工作，而希望工作時數也已減少的丈夫，可以多花點時間陪她。她常幻想兩人可以一起做些什麼，像是多度些假之類的，可以彼此多相聚一些時間。但是，直到她來找我的時候，她這願望都還沒能實現。

麗塔和我談話的主題，都繞著她對丈夫、對她和丈夫的關係很不滿意打轉。在人生的這一階段，以這為主題是很平常的事，因為當母親的人，唯有在孩子離家之後，才開始有辦法將時間全用來和另一半相處。有孩子在身邊的日子，做母親的人常常會把婚姻關係放在次要的地位。而做丈夫的也一樣，為了幫忙照顧孩子，自然也會把婚姻關係放在次要。等到孩子離家，這時，通常也正好是生命進入更年期的蛻變階段，婚姻關係於婦女這邊，開始變得重要起來。婚姻關係美不美滿，也成了關心的焦點。麗塔就是在這時候，覺得被丈夫撇在一邊，因而十分痛苦。她對他充滿了怨恨——怨他忽略了家庭，怨他讓她獨力負起照顧孩子的責任。他老是不在家，就算在家，也不會在需要的時候幫她管教一下孩子，或是給孩子做做榜樣。麗塔對她丈夫真是滿心怨懟。

麗塔在我這裡做了近一年的治療後，畫了一幅畫（見圖10）。她用這幅畫來說明她覺

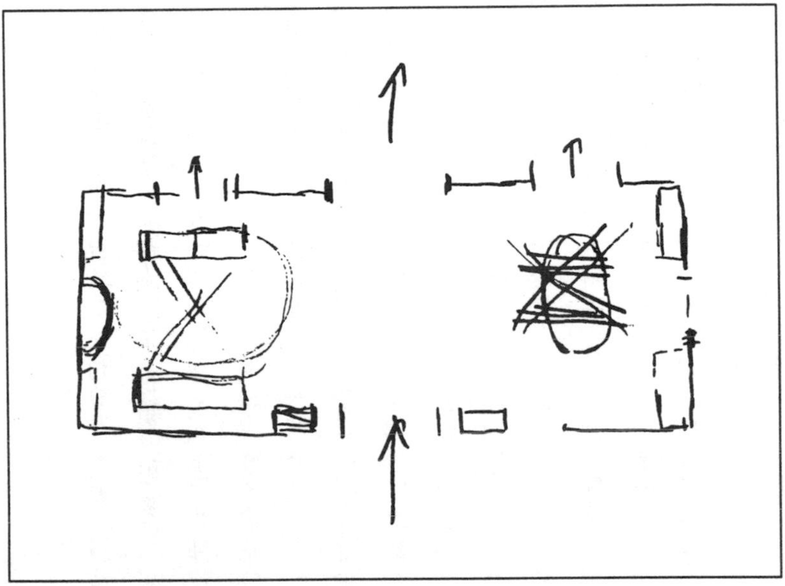

圖⑩：麗塔的畫。作者同意使用。

得她家的起居室有多空寂。起居室的一邊是用餐的地方，另一邊是供大家休憩閒聊的地方。可是，她老覺得這房間不太對勁：她覺得房間的顏色和家具的擺設，不對她的胃口。麗塔那時還沒注意到房間的中央有很大一塊空白：這表示房間裡沒有溝通的中心，沒有動線的中心，沒有關注的中心。這一大片空白，反映出麗塔實際的問題。這並不是新近出現的問題，這問題很早便出現了：這房間裡少了一塊能量的中心，我們或許可以說是少了她覺得自己得到關注的感覺。麗塔記得的，都是孤單的時刻，覺得沒人撫慰的時刻，這時，她常會跑到別的有孩子的家庭，尋求慰藉。我們若是重新拼湊這種感覺，我們可以說麗塔是一直活在「無人聞問的孤獨」裡面。依我對她家庭的了解，她母親似乎是個極度自私的人，而她父親對家庭則十分冷淡，她們幾個孩子（總共是四個），全是父母雇人來照顧的。所以，很明顯，麗塔因此而培養出成就取向：她老是覺得她必須做出些什麼好成績，才會有人注意到她，才會有人肯定她的價值。即使在現在，她還是覺得她父母不喜歡她，只會一再挑她的毛病。而麗塔對她丈夫的感覺，也是這樣——他也不喜歡她，一樣只會一再挑她的毛病。麗塔對她自己、對她身邊世界的看法，吐露出她的許多問題。她就跟先前的約翰一樣，有一部份也變成了自己拼命要排斥的樣子，也就是變成了她內心裡的那個小孩挑剔、沒有愛的父母。她跟別人一樣排斥她自己，同樣挑剔她自己，可是，這情況放在外界，比起內在的心靈問題，要比較容易看出來。

從母親眼裡看不見「發光的眼神」的麗塔，長大後變成一個看什麼都不滿意的女人。這世界在她眼裡，到處都缺乏這「發光的眼神」，可是，她不了解這主要是因為她就是這樣看自己的。她之所以需要從別人那裡得到肯定——以補償她童年時的匱乏——在她周遭製造出許多壓力。因為她對別人的要求特別高。所以，她丈夫對她的批評只要有些不好，她就覺得深受傷害，甚至會情緒失控。她對他愛的支持，要求之高，給他們的婚姻關係帶來極大的壓力。麗塔對人的支持和讚美，需求得非常殷切：只有從別人那裡可以一直得到肯定，她才有辦法覺得自己有價值。這是麗塔不敢去看清楚的明顯事實：她因此而沒辦法輕易去承認這些事實。

在兩年的治療之後，出了件事，對她形成很大的挑戰。那件事和一片小紙頭有關，那是從一張信封撕下來的小紙頭。她把紙頭帶到我這裡來。直到這時，麗塔到我這裡來的時候，時間幾乎全用在數落她丈夫，編出各種道理說他是怎樣怎樣，所以才會讓他對她這麼壞。雖然身為治療師，我有責任站在她這邊為她著想，但是，碰上她數落她丈夫的時候，我就很難處理了，因為，我覺得麗塔對她丈夫的說法，不太公允——麗塔把她丈夫完全看錯了。所以，我有時會按捺不住，據實告訴她我的想法。我另也必須讓麗塔知道，在我們談話的時候，有哪些模式是一再出現的——就是她說的全是她丈夫怎樣，而不是她自己怎樣。可是，她不想管自己的內心是怎麼回事，事實俱在，她卻怎樣也看不出來。有天，我便提議作個小小變化，好打破這種模式：我請她在她覺得丈夫對她不好的時候，注意看看她心裡到底是怎麼感覺的。我要她在她生氣時，拿筆記下她心裡的感覺。所以，她下次到我這裡來的時候，居然真的帶了張小紙頭，上面記著她的感覺；這倒教我相當驚訝。那張紙條那麼小，那麼破，可見麗塔不重視這件事，也就是說她沒有花時間把自己放在自己能量的中心，放在自己注意力的中心。可是，至少她現在還是花了點力氣，去注意自己的感覺，這已經是很不錯的發展了。我心裡開始看見些許希望了。

她隨便寫在小紙頭上的那些字，反映出深埋在她內心裡的不安。那天，她說起女兒的某件事，但她丈夫一整天都沒有作任何反應。他就只是坐在椅子上讀報紙，頭連抬都沒抬。她只好去洗衣服，心裡亂糟糟的都是些懷疑自己的話：「他聽見她說什麼了嗎？他到底關不關心她？她說的事真的這麼無聊，所以根本不必有反應嗎？」所以，她又回去跟他提這件事情，想要和他談談，想要看看他的反應，可是，這樣只是教她覺得對自己的懷疑愈來愈深重，到後來甚至都開始懷疑起自己對這事情的判斷來了。突然之間，她生氣了，氣她又被人「扔在一旁」。她以前曾經這樣氣過她的丈夫，有時還會朝他扔東西。但這次，她就任她的怒氣存在，注意自己的怒氣，而提筆寫了下來。結果，她的怒氣變成了反抗，「不對，我才是對的，我看見的、我感覺到的都沒錯，我有權力這樣。」

在我們討論這件事的時候，麗塔開始了解她有多依賴別人對她的肯定、對她的支持、對她的欣賞。她這也才開始了解她這覺得被人扔在一旁的感覺、得不到她想要的感覺，從小一直跟著她，到現在都還揮之不去。直到這個時候，她一直都找得到補償的機制。小的時候，她學會用好表現來贏得肯定，當母親後，她以子女的成就來贏得肯定。但現在子女離家，留她一人和丈夫獨處，這些以前她很熟悉、很可靠的補償管道，都不見了。她丈夫不需要她為他贏得光輝，他不像孩子那樣需要她。他自己就可以把自己照顧得相當好——他自己洗衣服、燙衣服、煮飯。這時，麗塔完全無著力之處，她要從哪裡弄到那發光的眼神呢？所以，這便是我和麗塔兩人注意的焦點了：麗塔現在該怎樣不必強迫自己去有些什麼好成績，而一樣可以覺得自己有價值呢？我們需要花些時間，把我們剛發現的麗塔的依賴，「消化」一番。這在麗塔好像發現了自己的核心有個「大洞」（這是她自己的說法），這個大洞自然就是她在她畫的圖裡，起居室中央的那一大片空白。放在象徵的層次來看，她生存的那個房間，也就是她自己的內在世界，空無一物，沒有感情，也不知道她自己是誰。她沒有以她自己為中心。她的生命，一以外界為核心，她的精力全用在討好家人，希望由家人將她從她內心的孤獨裡拯救出來。

麗塔遲至五十歲時，才發現這些事情，看起來好像有些怪，但其實不然。如我在說麗塔故事之前就說過的，更年期是女性因為生理和社交條件變化，以致不得不重新好好審視自己人生的時刻。唯有在更年期的時候，一個人性格裡的基本課題，那些始終存在但從來沒好好注意的問題，才會突然現身，緊逼而來：要求你現在處理這些問題。這些問題通常和身分認同、自尊有關，而且很像女性在青春期時碰見的問題陰魂不散，重又出現。可是，如我們在前兩章所述，青春期這時候，是一個人展現無比精力的時候，更年期也一樣，這時的女性常會發現，自己身上蟄伏很久的能量，變得極為強大。這時的婦女若是能將這些能量，融入生活裡面，通常會變得極為活躍。但若不然，她們就會變成極為活躍、極為外向的「活寡婦」。我們通常很難想像在同一個人身上，可以有這麼大的變化。

麗塔一開始對這些發現的反應，相當強烈，也不太能夠接受。發現內心裡的那個洞，讓她很沮喪：那個洞好像注定無法彌補，像是命運的詛咒。她該怎麼辦呢？可是，麗塔一旦看清楚了自己，也多少能接受自己就是這樣，她就再也不會和以前一樣了。她開始可以多看看自己內心裡的那個洞，去探索那個洞是怎麼來的，對她生活的影響又是什麼等等。她因此而漸漸可以多探入自己的內心，多了解自己的需求。和我談話的時候，用來講自己、講自己內心的時間，也比較多了。她以很慢的速度，慢慢找到了自己內在的核心，慢慢將之填滿，我們也可以說她將她畫的那間起居室，慢慢改裝成她「自己的房間」，而讓她自己的衝動、需求，可以從內心深處浮現出來，領她前進。現在，她才有辦法在別人身邊——也就是我這位治療師——自在的和自己相處，始終和自我有所接觸。她和世界的接觸，也因此而變得務實，變得活潑，因為，這時，她已在內心深處找到一塊自己的地方，在那裡，她永遠不會孤獨。她會陪伴自己的心靈，陪伴自己的好惡。而我在她心靈裡，一樣與她同在，肯定她的存在，肯定她有權利愛怎麼想就怎麼想，愛怎麼做就怎麼做，她的生命有存在的價值，她的生命沒有任何不好的地方。治療師內化到她的內心，過程相當緩慢，可是，這在心理治療的過程裡，是絕對必要的程序。我必須進入她的內心，讓她有所依靠，這樣，她才能和自我相處，在她的內心裡，在她自己的家裡，雖然一人，但不孤獨。她的起居室必須活起來，必須注入她自己，注入她的興趣、她的衝動、她的需求、她的感情。麗塔需要和她內心的這些部份溝通，才能覺得自己是個完整的人。這便是我們工作的重心。

荒地裡的孔雀

下面接著要說哈利的故事，他是位四十多歲的商人。他來找我，是因為他有些生理症狀，看過許多醫生都沒用，所以到後來找到我這邊作心理治療。而他的問題，其實就是內心裡深植著濃重的孤獨，這份孤獨，把他整個人包攏了起來，以致他過得十分不快樂，可是自己卻不知道。他只覺得他身體不好，讓他老是不舒服，他過得不好的原因，就是在這裡——這是他自己的看法。不過，從他心理發展的角度來看，他這些很不舒服、很讓他擔心的生理症狀，至少還是讓他知道「他有怎樣的感覺」，因此而逼他去注意他自己的狀態（注意歸注意，但是冥頑不靈）。他感覺得到身體的不適，卻感覺不到心靈的不適。哈利「感覺不到」他的情緒。從我們先前談過的，我們知道這種情況代表的是內心沒有對話：他的內心裡少了一位可以同情他的人。哈利沒有他自己的房間。他無法在人身邊獨處，因為他生來大部份的時候，一直都是孤獨一人，這一模式從他很小的時候，就已經開始。哈利一出生，他的生身家庭便名存實亡。他的父母在他不到兩歲的時候，就結束了爭吵不斷的婚姻。他從來沒見過父親。幾年後，他母親再婚，可是全心全意投入自己的事業，他的繼父人很好，但是怎樣就是無法補足哈利生身父親留下來的那個空缺。哈利小時候，大部份的時間就是自個兒一人玩望遠鏡，遙望太空，一次可以看上好幾個小時。他這是在看什麼呢？他看的這天空，這天庭，是傳統上父親意象歸屬的地方。放在象徵的層次上看，我們可以說他這是在從望遠鏡裡尋找他的父親。但是他從來沒找到過。

於此同時，他雖然因為孤獨而苦，但他卻將自己和世界隔得更遠。這是哈利典型的行為特徵，也是許多內心孤獨、覺得遭世界遺棄的人典型的特徵；這樣的人常常將外界阻絕在外，自陷於形單影隻當中。一般而言，我們是可以說他們便是棄兒：他們最怕被人拋棄，而他們其實已經被人拋棄，他們在情感上等於是已經被人拋棄，因而從世界退縮了出去，也從自己退縮了出去。這種內心的孤獨，我們已經看過多次了。我們在麗塔身上看見的退縮，內在裡其實蘊含正面的力量。這樣的人退縮到孤獨裡去的時候，若是能夠慢慢將退縮進去的內在空間填滿，那麼，這孤獨就不再是禁錮在內心裡的孤獨了。

只是，不是每個人都可以如此。

哈利在開始心理治療前兩年做過的一個夢，可以充分說明他承受的孤獨之苦（但這也是他從小到大一直在追求的孤獨）。哈利在夢裡一人走過一處荒野，身邊的景象一片孤寂。他在路上遇見了一隻很大的孔雀，得意洋洋的在路上昂首闊步。這個夢讓哈利很困擾。他不喜歡他從夢裡體會到的孤獨感，他從他做的夢裡，了解到他一直在扮演旁觀者的角色，一個被動的旁觀者，始終孑然一身，和任何人都沒有關係。而這其實也正是他生活的寫照。可是，教他大惑不解的是那隻孔雀：他和孔雀沒有關係嘛。這表示孔雀遠落在他的意識之外。其實這隻昂首闊步、得意洋洋的超大型孔雀，代表的是他這個人，他給別人的印象；雖然他在意識裡並沒有這樣的意思。這隻孔雀讓他內心裡百般掙扎，可是，我也只能向他證實他真的就是這樣，因為，他每個禮拜兩次走進我辦公室的時候，就是一副昂首闊步、得意洋洋的樣子。

哈利過的其實是分裂式的生活，和他的感覺、和別人都斬斷了關係的生活。這種分裂的狀況，從他童年痛苦的處境，即可看出根由；他從小和自我、和別人的來往，就是這樣。這分裂埋得之深，讓哈利自己幾乎感覺不到自己的情緒。從這角度來看，他的情況幾乎和史畢茲觀察到的自閉症嬰兒一樣。哈利小的時候，其實和這些嬰兒差不多：從他父母離婚到母親再婚的期間，他在他母親朋友的家裡流浪，住過一處又一處，感受到許多不一樣的家。他母親為了讓他得到比較好的照顧，同時又能為自己重建離婚後的新生活，因此將他送到朋友那裡，由他們照顧。可是，他在每一處都無法久待，一般是幾個月後，便得換地方。所以，他在很小的時候，便住過許多地方（這些人他都記不起來是誰了，而且，在他的記憶裡，這些人好像多得不得了），每到一處新的地方，就得重新適應環境，等到他適應了新家的環境，把一個地方當作是自己的家了，他又得換地方，又得從頭開始適應起。這種分離，可想而知，於小哈利是相當難以忍受的。所以，我們可以想像小哈利可能就像自閉症的嬰兒一樣，把自己的感情封閉起來，免得次次都得承受分離的痛苦和不安的感覺。

哈利的心理治療，有很長的一段路要走。他得學著去「感覺」，去知道自己是誰，知道他自己的情緒怎樣了，重新學習依循自己的衝動去做事。他需要重建和自己這個成人，以及以前那位小孩的關係。覺得孤獨、悲傷、沮喪，懷疑自我，因為他必須進行治療，以及自己居然就是那隻孔雀而生氣——這些在在都需要他能夠了解。他需要了解他對自己目前的家庭（妻子和四個孩子），以及年紀已經很大的母親、繼父特別強大的依賴心才可。

要有這樣的領悟，當然得先建立起某種程度的穩定感。一個人必須要先覺得自己若是承認這些弱點（從當事人的角度來看是弱點），世界並不會因此而分崩離析，他才可能安心去承認這些弱點。當事人一定要覺得他們的弱點暴露出來後，治療師不會因此而丟下他們，他們才會安心去面對這些事情。

為哈利建立這種安穩的情境，特別困難。他特別不容易相信別人，而從他小時候過的日子來看，這種情況相當可以理解。他的世界從來沒教會他：外界也是可以信任的。經過兩年的努力之後，基礎好像已經打了下來：哈利好像終於可以對自己，對自己的感覺，對他棄之不顧久矣的那個內心裡的小孩，對我，打開心扉了。由此，我們開始了一段漫漫長途，去發掘這個孤寂異常的人，去加強他和人來往的關係。可是，疑慮仍然揮之不去，每次我去度假，哈利就會退回到他的疑慮裡去，又開始害怕被人拋棄。這時，他對人的疑慮便全都冒了出來，而且十分猛烈。就在我離開他去度假的這期間，他會到處看醫生，一個又一個的亂看，要找出他生理問題的原因，看看是不是有別的更好的治療。其實，哈利這樣只是在找安全感，同時也在無意識裡向自己、向我這位扔下他不管的人，證明他其實並不需要我。我這位支持者在他心裡的意象，還不穩定，還不可靠，還沒辦法抵擋度假時候切斷聯繫的狀況。所以，在這一年只有三個禮拜的期間，哈利覺得自己又被人扔回以前的自己去了，又被獨自撇在房間裡面，沒人愛：他從這關係退縮出去，因為覺得我退縮出去了。他乃獨自在房間裡面，斬斷和外界、和自己的內心世界的一切聯繫。由於覺得失望，覺得又被人扔下不管而自憐自艾，而切斷了自己和自己情緒的聯繫。他和這情況合而為一，而無法與之和平共存。

不過，隨著時間的推移，我們之間的關係還是在哈利的生活裡，建立起了穩固的基石。他開始愈來愈能夠了解自己內心的細微變化，他自己的情緒世界。他開始敢表達出以前不敢表達的好惡。例如，他開始覺得他當時從事的工作，並不是他真心喜歡的工作，因為他得到處跑，到處勸人向他買東西。我們想想哈利欠缺安全感的情況，想想他不穩固的自尊，就可以了解這工作對他是多大的負荷。這時，他開始想是不是有別的工作更適合他。他開始覺得他得為自己找到更合適的工作，就算他父母不喜歡也罷了。他開始覺得他得為自己找到出路，找到一處能讓他安心自在的地方，能讓他覺得自己是個完整的人的地方。這在哈利的治療裡，是重要的一步，因為這為他開啟了幾條可能的新道路。他現在已經可以明瞭他不滿的是什麼，可以想出辦法處理這些不滿，可以思考別的作法。他現在已經上路去找他自己的房間了。推他上路的，就是那隻讓他覺得好不孤獨的孔雀：他了解他若是要和別人建立起聯繫，首先就得先和自己建立起聯繫。

找回孤獨的靈魂

在為這章談孤獨的心理治療作總結的時候，我覺得必須強調把孤獨的靈魂從退縮的狀況、從退縮到自我之外、退縮到世界之外的境地裡找回來的重要。我認為這是所有心理治療，或者連其他的治療也包括在內，要有好的結果，所必須面對的首要課題。當一個人覺得沒那麼孤獨、沒那麼無助，和外界的關係沒那麼疏離、沒那麼隔絕的時候，他才會覺得和自我沒那麼疏離。這脫離孤獨的一步，於治療是絕頂重要的一步。而這建立關係——和別人的關係，和外在、內在力量的關係——無疑是所有的治療技巧，所有的宗教運動，所有的「團體接觸療法」(encounter group)，以及所有看來科學化的治療中心，在把邊緣人從他們孤獨的處境拉回來時所用的方法。過去幾年來，醫學界已經了解這類不合理性，看起來一點也不科學的方法，在治療上面也有相當好的功用。如近年醫院讓動完手術的病人拍拍家裡養的寵物，加速病人痊癒的速度，便是這種簡單的人性化治療的佳例。這類實驗裡的正面療效，不論什麼數據，都有統計上的效用。帕納果利斯和他的小甲蟲，也不脫這一範疇。

在心理治療裡面，建立關係是每個心理治療師的重要工具。唯有治療對象不再覺得孤獨無助，不再覺得沒人了解，覺得遭人摒棄，覺得低人一等，因而覺得沒人愛甚至變得偏執狂妄，這時，他才會覺得當自己很自在，和別人在一起的時候很自在。所謂「治療成功」，就是要這樣。套用我們先前用過的意象來看，治療師在當事人心目中建立起來的同情、可靠形象，會融入當事人的內在，此後一直與他同在，與他為伴。而當事人在治療師面前能夠深入自己的內心，也會幫他開啟出必要的空間，供這樣的形象進入。

顯然，這樣的發展也可以幫助當事人，和先前自我裡一直排斥或是分裂出去的部份，重新建立起聯繫。原先一直分裂在外、無人聞問的陰暗部份，現在才會重見天日，重新得到承認，重新融入個體之內。或者更重要的是和自我聯繫起來的感覺——我有位客戶的說法是「聯上線了」——有了這樣的感覺，一個人才會把部份當部份看，而不會拿部份去代表全體。

我們的世界裡有太多人，心裡對自己的看法都是負面的：像是醜小鴨、矮冬瓜之類。

有許多人認同的，都是負面的自我形象，或是對未來的負面期待，他們心裡都是負面的東西，都是阻礙發展的東西。所以，有人開始選擇孤獨，選擇逃避，成為唯恐被人發覺的孤獨靈魂。

選擇孤獨

讓別人靠近自己，對一些不怎麼習慣和人親近的人而言，可能會覺得有威脅感。我有許多客戶都是如此。若是治療進行得順利的話，治療師和客戶之間的關係，可以建立得相當穩固，而讓客戶願意和治療師討論內心裡的不快，甚至可以克服這些問題。我有位客戶，不巧就待得不夠久，以致無法建立起這種關係。他在作了幾次反應相當熱烈的談話之後，就不見了。我們在談話中，好像建立起了不錯的關係，可是這樣的關係，於他好像難以承受，他的感覺就具體而微的呈現在有次他在我這裡畫的畫裡（見圖11）。為

圖⑪：梅林的畫。作者同意使用。

了說明這樣一幅畫是怎麼畫出來的，畫裡有什麼深層的寓意，我得先說明一下治療是怎麼開始的。梅林（假名）到我這裡來的時候，情況不太好：他那時可以說是在憂鬱症的邊緣了。他還有辦法克服自己的感覺，好好過日子。可是，沮喪的情緒已經愈來愈難控制了。他會一個人躺在床上，覺得自己好孤獨，沒人愛，對自己、對自己的命運，只覺得一片無望。所以，他總得做些什麼才好。在治療的過程裡面，梅林相當自動就說起了他過去一直在扮演的角色：反對領袖。他老是帶頭在家人、朋友、同事甚至僅有一面之緣的人中間，扮演孤獨英雄的角色：站出來為受苦的人說話的，永遠是他。他就這樣一路見義勇為，在這邊拔刀相助之後，改到下一個地方拔刀相助。可是，他好孤獨，沒有盟友，從來不對人訴說他自己的問題。他永遠都在傾聽別人的問題，從來不說自己的事。所以，梅林會來接受心理治療，可想而知是件很奇怪的事。他一個禮拜來我這裡兩次，來跟我說他自己。

我對這位年輕人的第一印象，是他極其孤獨。他一來就滔滔不絕的跟我說他和別人的關係，他暴君一樣的父親，他軟弱的母親，以及他十三歲時自殺未遂的事。我很高興他這麼快就可以打開心扉，這麼自在的談他自己的事，而且，自己知道這於他是重大的轉捩點。當他畫出這幅畫時，我還不了解這新狀態於他，帶有怎樣的矛盾意義。他畫這幅畫，是要表現他周末待在家裡有多孤獨。透過圖畫、語言，把他的孤獨感表達出來之後，獨處於他就比較沒那麼可怕了。他說他的孤獨，好像是深埋在大海裡的孤獨。而我則覺得畫面中央那塊紅色的團塊，說的是梅林心中感覺到的創傷，在他是最重要的事，而這可能深埋在無意識裡面。他說不定還認同於這份創傷：也就是說這塊紅色，便是他的自我所在之處。而他對自己的孤獨處境矛盾的感覺，就表現在這塊紅色，一方面和大海的其他部份是分開的，一方面又是被整片大海包圍起來的。看起來好像他就坐在一艘有特殊設計的海底交通工具裡面，把他保護得好好的，不會遭身邊的海浪侵襲。這是梅林比較沒注意到的一面，也是我一開始沒注意到的一面。顯然梅林到目前為止，還有辦法控制內心的波動，他活在相當怪的平衡裡面，工作相當成功，有一大票朋友。他這深埋在內心深處的孤獨，是最近才開始干擾到他和他的生活的。前景裡面，或說是畫面下方的區域（梅林說那代表波濤洶湧的海洋），可以說是反映了梅林最近感受到的這些情緒波動，而把他推到我這裡來了。而梅林治療之所以失敗，主要的原因在於他這份孤獨，雖然也是他痛苦的根源，但其實是他保護自己的一種機制，於他是有作用的。梅林若是可以遠離他的痛苦，遠離他內心的感覺，也因此遠離他人，他的世界就可以完好無損。因為他若是讓人靠近他，他的痛苦就會成為談話的主題，而孤獨一人的時候，他撐得住，他可以從幫助別人，讓自己忘卻痛苦。

我只希望將來有一天，梅林會再出現，想辦法治療自己的創傷。唯有這樣，他才能真正掙脫他的孤獨，只是，這樣也會威脅到他獨立自主的感覺。孤獨英雄也需要在路邊停下來，和人聊聊，和別人——也和自己——來往一下。

孤獨和寂靜

如我們先前所見，孤獨的兩極，一是黑暗和沮喪，一是光明和興奮。在黑暗這邊，會滋生恐懼：孤獨是無比的恐懼——像是可怕的怪獸，破門而入的壞人——誕生的必要條件。有許多恐怖故事，都是在孤獨的寂靜裡誕生的：想像力在黑暗和孤獨裡，特別旺盛。我們在波許、恩斯特的畫，和韓瑟、葛瑞桃的故事裡看見的，便都是想像力在孤獨裡肆虐的結果，或許和聖安東尼看見的幻象一樣，都是難以言喻的可怕東西。可是在光明裡面，創造出來的是另一種想像的世界：詩歌、小說、戲劇、音樂、畫作、雕刻等等，也都是從孤獨裡誕生出來的。藝術作品是孤獨沈思的產物。孤獨和寂靜為這些東西帶來了光明：這些作品反映了創作者的精神，不論是正面的、光明的、喜樂的，還是負面的、黑暗的、恐怖的。上帝或許也是在這樣的情況下，也就是在他的孤獨裡，創造出人類的——依他的形象創造出來的男人、女人，在孤獨裡再進行創造。我們應該可以說潛伏在黑暗裡的東西，就是要在孤獨的黑暗裡，才得以得到光明。

康拉德的作品《黑暗之心》裡的寇茲，也是在孤獨的黑暗裡面，發現了自己蟄伏未發的能量：他的黑暗面。如我先前所說，身處文明境外的荒野之地，人類身上野蠻的一面，很容易發掘出來。寇茲的黑暗面，可以說是我們在前幾章裡談的內容的代表：偉大的想像。寇茲在自己身上發現了暴君，發現了毫無惻隱之心的皇帝，以他無上的權力，於瞬間決定旁人的生死。而在這裡比較特別的是，孤獨使他無法看見他的這些想像，無法看清楚他自己的這一面，無法把這一面紓解開來。他非得化作他自己的想像不可。由於沒辦法把自己放在更大的自我裡面，沒辦法由適當的內在意象和人際聯繫，建立起他自己的身分認同和自尊，他乃陷在偉大想像的大海裡面，而且以之為真。他和自我的其他部份，和人性之間的聯繫，就此斷裂。孤獨確實擁有無比強大的孕育力量：人類需要光明，不只是為了文明的緣故，也是為了心靈的發展：光明代表意識。黑暗代表無意識，代表睡眠，代表未知的黑暗領域。在黑暗和孤獨之中，我們會創造出我們自己的怪物，創造出恐怖的幻境。這些想像會佔據我們：創造出刺激的危機。這樣的幻想，向來都是偏執的妄想：這些怪物、幻象會侵犯我們。這當然表示這問題和追求另一世界的存在有關：我們祕密希望有別的東西在陪伴我們，甚至希望那東西是超自然的存在。這樣的想像在孤獨的自由空間裡，一旦像脫韁野馬恣意狂奔，就會創造出自己的世界：鬼魅的世界，超自然存在的世界。這是普世皆然的現象。

心理分析通常需要沈默，但是，這類沈默可以有許多種類別。當你看富塞利（Johann Heinrich Füssli，1741—1825）的畫作時（圖12，見本書二七七頁），看見的是蜷縮成一團的人形，把自己整個包裹了起來，和外界不作任何接觸。這姿勢裡的絕望，將孤獨的沮喪，將一個人失落在沒有關懷的世界裡的孤寂，表達得十分深切。我們在先前的文章裡，已經看過許多這樣的例子了。雖然這樣的孤獨，絕少是自願的選擇，但是，這在一個人和自我、和外界的接觸斷裂之後，卻是一定會出現的。

在孤獨的寂靜裡，一個人連自己的心跳聲都聽得清清楚楚：自己的心跳聲，在一個安全感相當穩固的人聽起來，反而有慰藉的作用，因為這樣反而覺得自己不是孤單一人；可是，聽在安全感不穩固的人耳裡，就很可怕了，聽了教人癱瘓。心理分析非常明瞭沈默的功用，沈默在心理分析是基本的技巧。可是，這塊肥沃的創造大地洩露出來的聲音，有惡魔，也有美善。威尼考特的觀察，放在這一方面來看，就十分重要了。因為這時的孩子——也就是那位接受精神分析的人——唯有在身邊有位富同情心，但是不會侵犯到他的人存在，守望著他，照顧著他，讓他覺得安心，他才可能深入內心的叢林，去接觸他自己內在的衝動。這時，分析師等於是位始終在一旁照顧的母親，一位堅定的支持者，守望在一旁，讓孩子自己越過光明，進入黑暗裡面尋找他的自我。

扛起自己的孤獨

米樹爾，在你的祈禱裡，寂寞、慾望、渴求皆非我們所能忍受者。可是，沒有這些，我們卻會消滅無存。⑨

即如奧茲（Amos Oz）所說，孤獨之苦皆非我們所能承受者，可是，沒有它卻又活不下去。感覺這份痛苦，便是人生。每當我們在感情上真正貼近某人，我們只要和他分離，就覺得悲傷、孤獨。人性就是這樣，也必須這樣，蕭塔・羅斯塔維里在五百年前，已經說得相當明白了。我們也知道孤獨是成長的必要階段，世人在正常的人生旅途裡面，都必須歷經孤獨的試煉。科學時代前的社會，重視這樣的需求，因而發展出一些儀式——也就是將之儀式化——搬演退出社會又回歸社會的歷程。在人生的旅途裡，有一段退隱的時刻，可以用來反省自己，注意自己內心的活動，聆聽自內心的聲音，有助於我們為人生找到新的方向，幫我們適應新環境的變化。人生裡內向、外向，孤獨、合群，都是交錯出現的。我們心跳的一舒一張，構成了人類生命的天然律動。每次我們在某一邊待得太久，生命就容易失去平衡。

可是，一般人還是喜歡逃避孤獨的痛苦。我們甚至連說都很困難：因為大部份的言語，都未足以表達我們內心的孤獨感。花時間費口舌談我們的孤獨之痛，好像很怪。可是，這些全都只是我們要逃避強烈情緒的藉口而已。逃避孤獨的痛苦，成了人類行為的一大動機。

也因此，我們會碰上的最嚴酷考驗，就是假裝我們不孤獨；而放大來看，千方百計要逃避我們生命的孤獨，其毀滅力會相當大的。「你一點也不孤獨」這種假的「反孤獨預言」，在我們生活裡多得不可勝數。我們不就在韓瑟和葛瑞桃的故事裡，看見了巫婆應允兩個小孩，他們永遠不會孤獨，可是，暗地裡卻在計劃將他們吃掉的嗎。只要他們待在她身邊，待在她的房子裡面，他們就永遠不會孤獨——也永遠不會因為孤獨而苦——可是，這樣也表示他們就得一直待在她的掌握之中，終於淪落到她的大鍋裡：利用他們成就她的惡事。這時，孩子永遠沒有機會長大進入社會，這時的孩子，永遠停留在巫婆的共生國度裡面。所以，追根究柢，永遠不再孤獨，就等於永遠不再存在。那時，真的沒有分離，沒有失落，沒有痛苦，因而也沒有成長：這時，一個人等於是痲痺的，等於是受困的，等於被吃掉了。恆定狀況，即是死亡。紐曼說孤獨便是「個體化的原則」，和禁錮對照起來，孤獨是「參與神話的原則，是沒有孤獨的紐帶。」⑩

政治運動和假宗教教派，便常常提出這樣的保證：「我們」這堆海報和廣告，便是孤獨的終結。他們蠱惑人心的力量，來自大地之母的原型。你若是投票給某政黨，或是加入某一教派，你就可以得到天堂才會有的共生關係：不再有衝突，不再有匱乏，不再有痛苦，不再遭遺棄。這樣的應允，其實暗地裡是要把小孩子永遠握在掌心，好支使他們。可是逃避孤獨的想望，通常都極其強大，以致許多人就這麼被誘惑帶著走。

雖然小嬰兒從一出生起，便不斷在尋找和人的聯繫，一般人一生也不斷在尋找和人持久的關係，但是我們基本上都是孤獨的，這便是人生的真相，跟隨我們一生的真相。我們在作日常的決定時，是孤獨一人的，我們在我們內在世界裡，是孤獨一人的，我們的命運，無人可以分擔。可是，這絕對不表示我們和內在的自我是疏離的，或是和外在的世界是隔絕的。我們一定要作出這樣分別。可是，就算我們的安全感十分穩固，就算我們清楚我們終究是孤獨一人的，我們在說出我們與眾不同的意見時，心裡還是難免覺得孤獨。這樣的處境若是在一個人自信心不夠強的時候，特別難過。這時，要扛起自己生命裡的孤獨，就很難想像了。心理治療是一段成熟的過程，幫我們培養出這樣的內在意象。所以，道德勇氣是我們當今日常行為的一大條件，也是人性的一大挑戰。

註釋

1. Aaron T.Beck，John A. Rush and Gary Emery, *Cognitive Therapy of Depression* (New York: Guilford Press, 1987)。
2. Homer, *The Iliad*, Robert Fagles, 英譯 (London: Penguin, 1990), 1.200 ff。
3. William Willeford, *The Fool and his Sceptre: A Study of Clowns*，*Jester & Their Audience* (Evanston, IL: Northwestern Universtiy Press, 1969), p.x。
4. Virginia Woolf，*A Room of One's Own*, 1929 (London & New York: Granada, 1981)。

5. C. G. Jung, *Aion*, Collected Works, Vol. 9. II, § 257。

6. Donald Winnicott, "Die Fähigkeit Zum Alleinsein" 〔The Capacity to be Alone〕 in *International Journal of Psyhoanalysisi*, 1958, pp.416-420。

7. *Chaos & Order in the World of the Psyche* (London: Routledge, 1992)。

8. Franz Fafka, *Letter to His Father* (New York: Schocken, 1987)。

9. Amos Oz, *The Black Box*, Nicholas de Lange英譯。(New York: Harcourt Brace Jovanovoich, 1988), p.258。

10. Erich Neumann, *The Great Mother: An analysis of the Archetype*, Ralph Manheim英譯。Bollingen Series, Vol. 47 (Princeton: Princeton University Press, 1964), p.67。

圖①：《燙衣女》(*The Ironing Woman*)，德嘉(Edgar Degas，1834—1917)，Munich：Bayerische Staatsgemäldesammlung。相關內容見本書61頁。

圖①

圖②：《夜間工作》(*Nighthawks*)，霍普(Edward Hopper，1882—1967)，The Art Institute of Chicago。相關內容見本書67頁。

圖②

圖③：《憂悒》（*Melencolia I*），杜勒（Albrecht Dürer），1514年，
木刻。相關內容見本書 108 頁。

圖③

圖④：《浮士德的主題》(*The Fuast Motif*)，《聖安東尼的誘惑》(*The Temptations of St. Anthony*)細部，波許(Hieronymus Bosch，1460—1516)。Lisbon：Museu Nacional de Art Antiga。相關內容見本書132頁。

圖④

圖⑤：《孤獨》(*Isolation*)，赫諾夫(Fernand Khnopff，1858—1921)，Munich：Bayerische Staatsgemaldesammlungen。
相關內容見本書155、164頁。

圖⑤

圖⑥：《擁抱》（*The Embrace*），《人世之吻》（*The Kiss of the Entire World*）細部，克林姆（Gustav Klimt，1862—1918）。Vienna：Österreichische Galerie。相關內容見本書163頁。

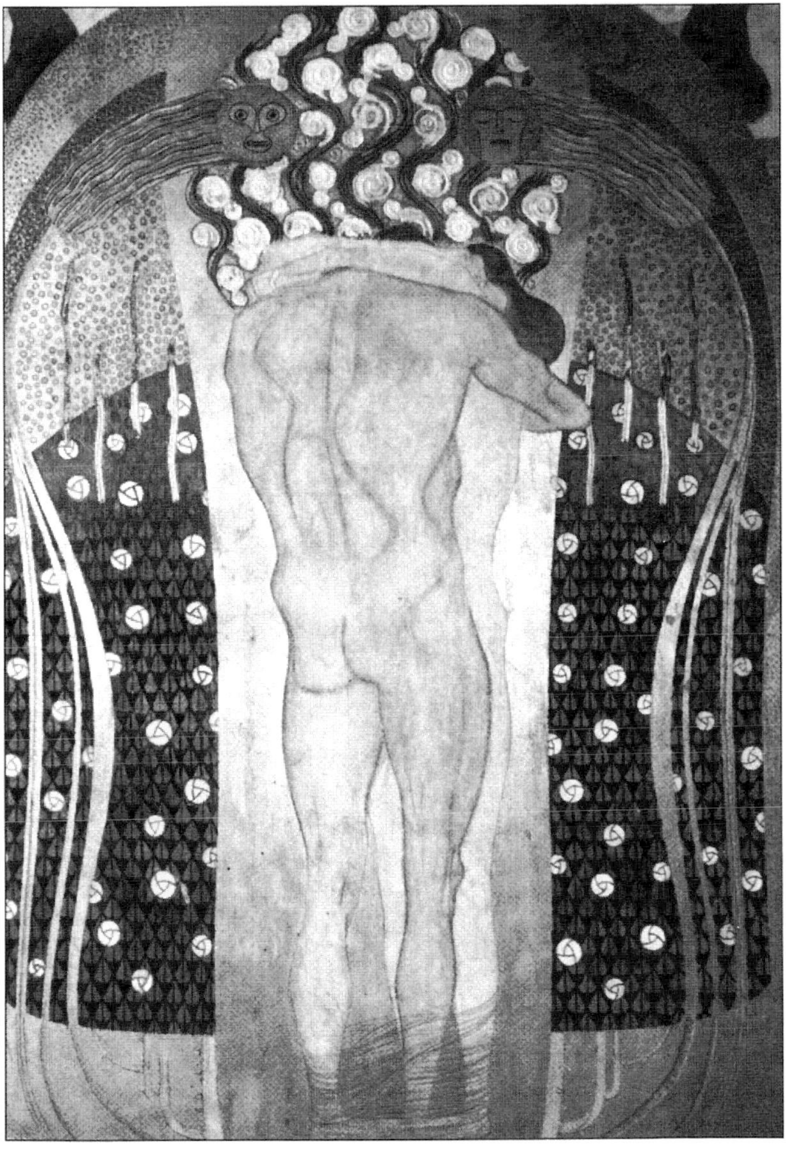

圖⑥

圖⑦：《青春期》(*Puberty*)，孟克(Edvard Munch，1863—1944)。
Oslo：National Gallery。相關內容見本書 183 頁。

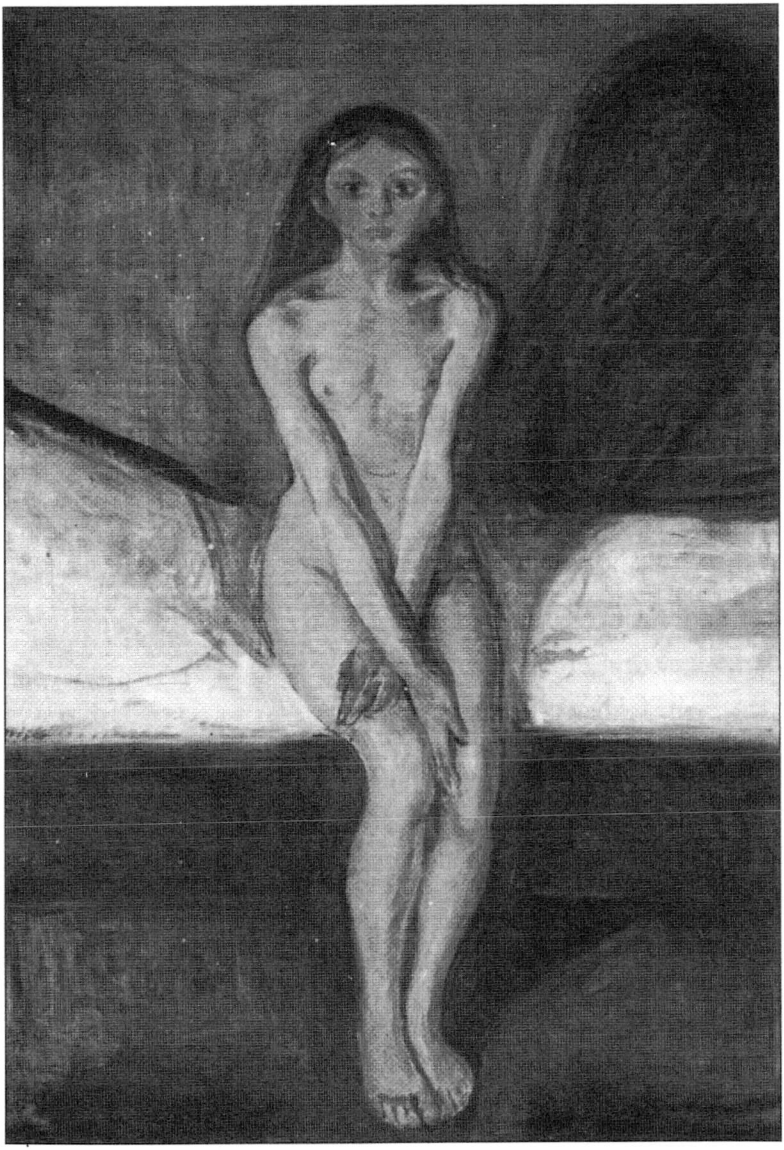

圖⑦

圖⑧：《出遊》(*A man out for a walk with his dog*)。中國織錦，十八世紀。Vienna：Österreichisches Museum für Angewandte Kunst。相關內容見本書 192 頁。

圖⑧

圖⑫：《寂靜》(*Silence*)，富塞利(Johann Heinrich Füssli，1741—1825)。Zurich Kunsthaus。相關內容見本書 252 頁。

圖⑫

參考書目

Aymès, C. A. Wertheim. *Die Bildersprache des Hieronymus Bosch.* Den Hag, 1961.

Bax, Dirk. *Hieronymus Bosch.* Rotterdam: 1979.

Beck, Aaron T. *Depression: Causes & Treatment.* Philadelphia: University of Pennsylvania Press, 1967, 1978.

Beck, Aaron T., John A. Rush, and Gary Emery. *Cognitive Therapy of Depression.* New York: Guilford Press, 1987.

The Bible: The NIV Interlinear Hebrew-English Old Testament, four volumes in one. *Genesis-Malachi.* John R. Kohlenberger III, ed. Grand Rapids, MI: Zondervan Publishing House, 1979, 1987.

Braunfels, Wolfgang, ed. *Lexikon der christlichen Ikonographie*, vol. V. Rome, Freiburg, Basle, Wien: Herder, 1974.

Buber, Martin. *Das Problem des Menschen* (1942). Heidelberg: Lambert Schneider, 1982. In English this is *Between Man & Man*, Ronald Gregor Smith, trans. New York: Macmillan, 1948.

Busch, A. *Bosch: An Annotated Bibliography.* Boston: Hall, 1983.

Chailley, Jacques. *Jérôme Bosch et ses symboles; essai de décryptage.* Brussels: Palais des Académies, 1976.

Conrad, Joseph. *Heart of Darkness.* 1902. *The Portable Conrad.* Morton Dauwen Zabel, ed. New York & London: Viking/Penguin, 1976.

Cowper, William. In Louis Untermeyer, ed. *Albatross Book of Verse.* London: Collins, 1933, 1960.

Fallaci, Oriana. *A Man.* Milan: Rizzoli, 1979; English translation, William Weaver. New York: Simon & Schuster, 1980.

Flaubert, Gustave. *La Tentation de Saint Antoine.* Translated by Kitty Mrosovsky as *The Temptation of St. Anthony.* London & New York: Viking/Penguin, 1983.

Freud, Sigmund. *The Interpretation of Dreams.* A. A. Brill, trans. New York: Modern Library/Random House, 1978.

Fromm, Erich. *Escape from Freedom.* New York: Holt, Rinehart and Winston, 1941; Avon, 1976. Published in England as *Fear of Freedom* by Routledge in 1991.

Gide, André. *The Counterfeiters.* New York: Vintage/Random House, 1973.

Gryphius, Andreas. In Volker Meid, ed. *Gedichte und Interpretationen, Band I: Renaissance und Barock.* Stuttgart: Philipp Reclam jun. n.d.

Haushofer, Marlen. *Die Wand: Roman.* Munich: DTV, 1968, 1991.

Homer. *The Iliad.* Robert Fagles, trans. London: Penguin, 1990.

International Journal of Psychoanalysis, 1958.

Jacoby, Mario. *Individuation & Narcissism: The Psychology of Self in Jung and Kohut.* London: Routledge, 1990.

———. *Longing for Paradise: Psychological Perspectives in an Archetype.* Myron Gubitz, trans. Boston: Sigo, 1985.

———. *Scham-Angst und Selbstwertgefühl: ihre Bedeutung in der Psychotherapie.* Olten: Walter Verlag, 1991.

———. *Sehnsucht nach dem Paradies.* Olten: Walter Verlag, 1980.

Jung, C. G. *The Archetypes and the Collective Unconscious.* The Collected Works, vol. 9.I. Bollingen Series XX, R. F. C. Hull, trans. Princeton: Princeton University Press, 1959.

———. *Aion.* The Collected Works, vol. 9.II. Bollingen Series XX. R.F.C. Hull, trans. Princeton: Princeton University Press, 1959.

Kafka, Franz. *Letter to His Father.* New York: Schocken, 1987.

Kiley, Dan. *Living Together, Feeling Alone.* New York: Prentice Hall, 1989.

Koestler, Arthur. *Darkness at Noon.* New York: Bantam, 1984.

Lamartine, Alphonse de. "L'isolement," in *Poetic Meditations.* William North, trans. London: H. G. Clark, 1848.

Möhrman, Renate. *Der vereinsamte Mensch: Studien zum Wandel des Einsamkeitsmotivs im Roman von Raabe bis Musil.* Bonn: Bouvier, Herbert Grundmann, 1976.

Musil, Robert. *Briefe 1901-1942.* Adolf Frisé, ed. Reinbek & Hamburg: Rowohlt, 1957, 1981.

Neruda, Pablo. *Selected Poems.* Nathaniel Tarn, ed. London: Jonathan Cape, 1966.

Neumann, Erich. *The Child.* Boston: Shambhala, 1990.

———. *The Great Mother: An Analysis of the Archetype.* Ralph Manheim, trans. Bollingen Series Vol. 47. Princeton: Princeton University Press, 1964.

———. *The Origins and History of Consciousness.* R. F. Hull, trans. Bollingen Series Vol. 42. Princeton: Princeton University Press, 1954.

Nietzsche, Friedrich. *Thus Spake Zarathustra.* Thomas Common, trans. New York: Random, 1982; or Walter Kaufmann, trans. New York & London: Penguin, 1978.

Nigg, Walter. *Grosse Heilige* (1946). Reprinted Zurich: Diogenes, 1990.

Oz, Amos. *The Black Box.* Nicholas de Lange, trans. New York: Random, 1989.

Panofsky, Erwin, Raymond Klibansky, and Fritz Saxl. *Saturn und Melancolie.* Frankfurt am Main: Suhrkamp, 1990.

Peplau, Letitia Anne and Daniel Perlman. *Loneliness: A Sourcebook of Current Theory, Research and Therapy.* New York: A Wiley Interscience Publication, John Wiley & Sons, 1982.

Petrarca, Francesco. *Dichtungen, Briefe und Schriften.* Hans W. Eppelsheimer, ed. Frankfurt am Main: Insel Verlag, 1980.

———. *The Life of Solitude.* Jacob Zertlin, trans. Westport, CT: Hyperion Conn, 1985 (reprint of 1924 edition).

Plato. *The Symposium.* Walter Hamilton, trans. New York: Viking/Penguin, 1952.

Riemann, Fritz. *Die schizoide Gesellschaft.* Munich: Christian Kaiser, 1975.

———. *Grundformen der Angst.* Munich: Masselle, 1975.

———. *Grundformen helfender Partnerschaft.* Munich: Pfeiffer, 1974.

———. *Lebenshilfe Astrologie.* Munich: Pfeiffer, 1976.

Rousseau, Jean-Jacques. *Les Confessions,* in *Oevres complètes.* préface de Jean Fabre. Paris: Editions du Seuil, 1967.

———. *Les Confessions de Jean-Jacques Rousseau.* John M. Cohen, trans. London & New York: Viking/Penguin, 1953.

———. *Du Contract Social* or *Social Contract.* Maurice W. Cranston, trans. New York: Viking/Penguin, 1968.

———. *La Nouvelle Héloïse*, or the *New Eloise.* University Park, PA: Pennsylvania State University Press, 1987.

Rustaveli, Shota. *The Lord of the Panther Skin.* R. H. Stevenson, trans. Albany: University of New York Press, 1977.

Sandars, N. K. *The Epic of Gilgamesh.* London: Penguin, 1960.

Scheller, Wolf. *Judische allgemeine Zeitung.* No. 47 (April, 1992).

Snyder, James. *Bosch in Perspective.* Englewood Cliffs, NJ: Prentice Hall, 1973.

———. *Hieronymus Bosch.* New York: Excalibur, 1977.

Spitz, René A. *Genetic Field Theory & Ego Formation.* Madison, CT: International University Press, 1962.

———. *No & Yes: On the Genesis of Human Communication.* Madison, CT: International University Press, 1966.

Spitz, René A. and W. Godfrey Cobliner. *First Year of Life: A Psychoanalytic Study of Normal & Deviant Development of Object Relations.* Madison, CT: International University Press, 1966.

Storr, Anthony. *Solitude: A Return to the Self.* New York: Ballantine, 1989.

Thoreau, Henry. *The Portable Thoreau.* Edited and with an introduction by Carl Bode. London: Penguin, 1977.

Walter, Rudolf, ed. *Von der Kraft der sieben Einsamkeiten.* Basle, Vienna, Freiburg: Herder, 1984.

Wieland-Burston, Joanne. *Chaos & Order in the World of the Psyche.* London: Routledge, 1992.

Willeford, William. *The Fool and His Sceptre: A Study in Clowns and Jesters and their Audience.* Evanston, IL: Northwestern University Press, 1969, 1986.

Winnicott, Donald W. "The Capacity of Being Alone," 39, 1958, pp. 416-420 (lecture from 24.7.57, British Psychoanalytical Society).

Woolf, Virginia. *A Room of One's Own* (1929). London & New York: Granada, 1981.

Zimmermann, Johann G. *Ueber die Einsamkeit*, 4 vols. Liepzig: Weidmann, 1784-1785.

內文簡介：

我們這時代的個人發展，常標舉個人主義，而不強調合群生活，孤獨因而成為我們這時代的重要課題。我們之所以自願選擇孤獨，為的是要保證自己的獨立自主，今天諸多科技的發展，也在支援我們走孤獨的道路。經濟的發展，可以讓我們不一定要住在關係緊密的社會裡，一樣可以生存得很好。可是，這樣的發展於我們的心理上，有什麼影響呢？這種追求孤獨的趨勢，背後的驅力到底是什麼呢？

魏蘭-波斯頓博士舉了許多孤獨的矛盾現象，也引證了一些古典的故事和童話，帶我們一窺隱居靈修和回歸自然的傳統。她也檢視了孤獨之所以痛苦的原因、世人看待孤獨的方式、處理孤獨的方式，以及孤獨於心理成長上扮演了怎樣的角色。透過佛陀、聖安東尼、耶穌等人的例子，魏蘭-波斯頓博士為我們抽析出個人若是選擇孤獨，通常會碰上什麼考驗：自以為高人一等的幻想、離群索居等等。

我們若是在童年裡未能培養出「有伴的孤獨」能力，或是喜歡用孤獨作藉口以逃避人際來往的話，我們就會因為孤獨而苦。魏蘭-波斯頓博士認為心理治療所要做的，便是發現我們可以獨自成長為獨立的人，同時又不致將世界阻隔在外。由她執業生涯裡碰見的一些案例，可以告訴我們孤獨在心理治療的架構裡面，可以有怎樣的推演和發展。我們若是永遠無法在人類的大家庭裡找到孤獨，那就只有從個人的生命孤獨裡去尋找了。

作者：

瓊安・魏蘭-波斯頓(Joanne Wieland-Burston)

瓊安・魏蘭-波斯頓是在慕尼黑和蘇黎世執業的美國心理分析師。范德比爾大學(Vanderbilt University)比較文學博士、法國文學碩士，一九九〇於蘇黎世的榮格學院(C. G. Jung Institute)接受心理分析訓練，且曾取得榮格學院的分析心理學家文憑(一九八一年)。她的第一本書，*Chaos and Order in the World of the Psyche*(Routledge，1992)，已有德文、瑞典文、義大利文等版本。《孤獨世紀末》於一九九五年以德文由Kreuz Verlag初版(名為Einsamkeit)。從一九八〇年代開始，在歐洲各處重要學術機構演講，例如The World Council for Psychotherapy、The Deutsche Gesellschaft für Analytische Psychologie、C. G. Jung Institute in Munich等等。目前在蘇黎世的榮格學院和慕尼黑的心理分析機構教授榮格心理學，定居慕尼黑。

譯者：

宋偉航

學歷：台灣大學歷史系、台灣大學歷史學研究所中國藝術史組。

經歷：出版社編輯，目前專事翻譯。

譯作：《有關品味》、《企業蛻變》、《全腦革命》、《伍迪艾倫脫口秀》、《綠色企業》以及立緒文化出版之《靈魂考》等書。

校對：

馬興國

中興大學社會系畢，資深編輯。

神話學

喬瑟夫．坎伯 Joseph Campbell

20世紀美國神話學大師

如果你不能在你所住之處找到聖地，
你就不會在任何地方找到它。
默然接納生命所向你顯示的實相，
就是所謂的成熟。

坎伯與妻子珍．厄爾曼

英雄的旅程

讀書人版每週新書金榜
開卷版本周書評
Phil Cousineau ◎著
梁永安 ◎譯

ISBN: 957-0411-37-6
定價：400元

神話

1995 聯合報讀書人
最佳書獎
Campbell & Moyers ◎著
朱侃如 ◎譯

ISBN: 957-9967-76-8
定價：360元

千面英雄

坎伯的經典之作
中時開卷版、讀書人版每周
新書金榜
Joseph Campbell ◎著
朱侃如 ◎譯

ISBN: 957-8453-15-9
定價：420元

坎伯生活美學

開卷版一周好書榜
讀書人版每周新書金榜
Diane K. Osbon ◎著
朱侃如 ◎譯

ISBN: 957-8453-06-X
定價：360元

神話的智慧

開卷版一周好書榜
讀書人版每周新書金榜
Joseph Campbell ◎著
李子寧 ◎譯

ISBN: 957-0411-45-7
定價：390元

美國重要詩人**內哈特 John Neihardt**傳世之作

巫士詩人神話　長銷七十餘年、譯成八種語言的美國西部經典

這本如史詩般的書，述說著一個族群偉大的生命史與心靈史，透過印第安先知黑麋鹿的敘述，一部壯闊的、美麗的草原故事，宛如一幕幕扣人心弦的電影場景。這本書是世界人類生活史的重要資產，其智慧結晶將爲全人類共享，世世代代傳承。

ISBN: 986-7416-02-3　定價：320元

生活哲思—新文明生活主張

孤獨
最眞實、最終極的存在
Philip Koch ◎著
梁永安◎ 譯
中國時報開卷版書評推薦

ISBN:957-8453-18-3
定價：350元

孤獨世紀末
孤獨的世紀、
孤獨的文化與情緒治療
Joanne Wieland-Burston◎著
宋偉航◎ 譯
中時開卷版、聯合報讀書人
書評推薦

ISBN:957-8453-56-6
定價：250元

隱士
一本靈修的讀本
Peter France◎著
梁永安◎ 譯
聯合報讀書人、中時開卷
每周新書金榜

ISBN:957-0411-17-1
定價：320元

Rumi
在春天走進果園
伊斯蘭神秘主義詩人
Rumi以第三隻眼看世界
Rumi◎著
梁永安◎ 譯

ISBN:957-8453-29-9
定價：300元

靈魂筆記
從古聖哲到當代藍調歌手的
心靈探險之旅
Phil Cousineau◎著
宋偉航◎ 譯
中時開卷版書評推薦

ISBN:957-8453-44-2
定價：400元

四種愛
親愛・友愛・情愛・大愛
C. S. Lewis◎著
梁永安◎ 譯

ISBN:957-8453-37-X
定價：200元

運動：天賦良藥
爲女性而寫的每天
30分鐘體能改造
Manson & Amend ◎著
刁筱華◎譯

ISBN:957-0411-46-5
定價：300元

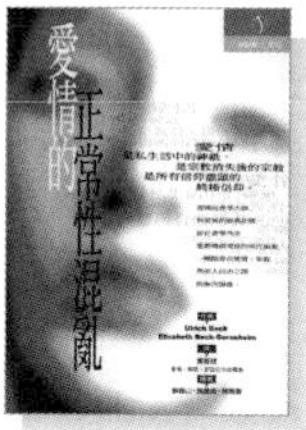

愛情的正常性混亂
社會學家
解析現代人的愛情
Ulrich Beck
Elisabeth Beck-Gemsheim◎著
蘇峰山等◎ 譯

ISBN:957-0411-01-5
定價：350元

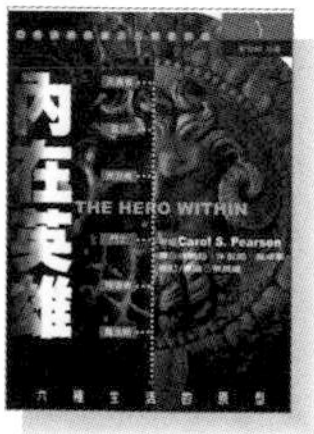

內在英雄
現代人的心靈探索之道
Carol S. Pearson◎著
徐慎恕・朱侃如・龔卓軍◎譯
蔡昌雄◎導讀・校訂
聯合報讀書人每周新書金榜
ISBN:957-8453-98-1
定價　280元

心理學與哲學思考

羅洛．梅 Rollo May

愛與意志
生與死相反，
但是思考生命的意義
卻必須從死亡而來。

ISBN:957-0411-23-6
定價：380元

自由與命運
生命的意義除了接納無
可改變的環境，
並將之轉變為自己的創造外，
別無其他。
中時開卷版、自由時報副刊
書評推薦
ISBN:957-0411-18-X
定價：320元

創造的勇氣
若無勇氣，愛即將褪色，
然後淪為依賴。
如無勇氣，忠實亦難堅持，
然後變為妥協。
中時開卷版書評推薦
ISBN:957-0411-34-1
定價：210元

權力與無知
暴力就在此處，
就在常人的世界中，
在失敗者的狂烈哭聲中聽到…
青澀少年只在重蹈歷史的覆轍。

ISBN:957-0411-82-1
定價：320元

哭喊神話
呈現在我們眼前的....
是一個朝向神話消解的世代。
佇立在過去事物的現代人，
必須瘋狂挖掘自己的根，
即便它是埋藏在太初
遠古的殘骸中。

ISBN:957-0411-71-6
定價：350元

焦慮的意義
焦慮無所不在，
我們在每個角落
幾乎都會碰到焦慮，
並以某種方式與之共處。
聯合報讀書人書評推薦
ISBN:986-7416-00-7
定價：420元

尤瑟夫．皮柏 Josef Pieper
二十世紀最重要的哲學著作之一

閒暇 文化的基礎
Leisure, The Basis of Culture
德國當代哲學大師經典名著
誠品好讀重量書評推薦

本書摧毀了20世紀工作至上的迷思，
顛覆當今世界對「閒暇」的觀念
閒暇是一種心靈的態度，
也是靈魂的一種狀態，
可以培養一個人對世界的關照能力。

ISBN:957-0411-86-4
定價：250元

立緒文化事業有限公司　信用卡申購單

■信用卡資料

信用卡別（請勾選下列任何一種）

□VISA　□MASTER CARD　□JCB　□聯合信用卡

卡號：______________________________

信用卡有效期限：________年________月

訂購總金額：______________________________

持卡人簽名：______________________________（與信用卡簽名同）

訂購日期：________年________月________日

所持信用卡銀行______________________________

授權號碼：______________________________（請勿填寫）

■訂購人姓名：______________________________性別：□男□女

出生日期：________年________月________日

學歷：□大學以上□大專□高中職□國中

電話：______________________________職業：______________________________

寄書地址：□□□

____

■開立三聯式發票：□需要　□不需要（以下免填）

發票抬頭：______________________________

統一編號：______________________________

發票地址：______________________________

■訂購書目：

書名：______________、______本。書名：______________、______本。

書名：______________、______本。書名：______________、______本。

書名：______________、______本。書名：______________、______本。

共__________本，總金額______________________元。

⊙請詳細填寫後，影印放大傳真或郵寄至本公司，傳真電話：(02)2219-4998

國家圖書館出版品預行編目資料

孤獨的誘惑／瓊安・魏蘭—波斯頓（Joanne Wieland-Burston）；宋偉航譯.－二版.－新北市：立緒文化, 民107.07
面；公分.（新世紀叢書：48）
譯自：Contemporary solitude: the joy and pain of being alone
ISBN 978-986-360-114-2（平裝）
1.孤獨感　2.心理治療

176.55　　107010175

孤獨的誘惑（原書名：孤獨世紀末）

Contemporary Solitude: The Joy and Pain of Being Alone

出版——立緒文化事業有限公司（於中華民國84年元月由郝碧蓮、鍾惠民創辦）
作者——瓊安・魏蘭—波斯頓（Joanne Wieland-Burston）
譯者——宋偉航

發行人——郝碧蓮
顧問——鍾惠民

地址——新北市新店區中央六街 62 號 1 樓
電話——(02)22192173
傳真——(02)22194998
E-Mail Address: service@ncp.com.tw
劃撥帳號——1839142-0 號　立緒文化事業有限公司帳戶
行政院新聞局局版臺業字第 6426 號

總經銷——大和書報圖書股份有限公司
電話——(02)8990-2588　傳真——(02)2290-1658
地址——新北市新莊區五工五路 2 號
排版——伊甸社會福利基金會附設電腦排版
印刷——祥新印刷股份有限公司

法律顧問——敦旭法律事務所吳展旭律師

分類號碼——176.55
ISBN 978-986-360-114-2
出版日期——中華民國 88 年 1 月～96 年 2 月初版　一～三刷(1～5,700)
中華民國 107 年 7 月二版　一刷(1～600)

定價◎280 元